原野收藏拾穗

王炳奎 著

上海三联书店

甘当一名收藏拾穗者

炳奎兄的《原野收藏拾穗》要付梓，这是这位收藏家的第六本大作，也是他迎来的又一次人生的收获，可喜可贺。

炳奎兄笔名原野，读他的文章，是一种春风化雨的感受，娓娓道来的，不仅仅是古玩器物，更多地是其背后的情愫，以及他诗般创意。原野告诉我，在编撰本书时，他想起珍藏于巴黎奥赛博物的名作《拾穗》，六月的田野上一望无际的麦地里一片金黄色，麦收后的土地上，有三个农妇正弯着身子细心地拾取遗落的麦穗。虽说看不清农妇的相貌及脸部的表情，但她们的身姿却在古典雕塑庄重中显得超凡的美，这便是著名画家米勒留给世界的现实主义绘画的杰出。受到了艺术感染后的他，将自己的第六本专著取名为《原野收藏拾穗》，作者的潜心就既然于纸上了。

念天地之悠悠，原野就是一位在收藏天地踽踽前行的拾穗者。这位与共和国同龄的收藏家从小酷爱艺术，酷爱画画，那时学校组织到农村去劳动，在野外他发现好看的花草、树叶会捡回来，来到书本里，甚至在田埂拾到一块石头，他会找来一个盘子，到墙角边挖些青苔垫底，把石头安放上去，做成一件令同学们称赞的小盆景。所以，他与一般收藏者不一样，他并不一味追逐老物件，而是收藏那些他觉得美的东西，从根雕到奇石，从瓷器到杂项，都是他的收藏范围。这位老兄独具眼光，搜入囊中的"今玩"，也不是什么奇珍异宝，只玩自己对得上眼的，看上去喜欢的。在他的收藏理念中，不追逐古玩艺术品投资，不跟风追寻当代名家名作，从自己个人的爱好、财力、审美观出发，自得其乐地玩，玩出审美品味，玩出鉴赏目光，玩出快活时光。这就是一位藏界拾穗者的乐趣。

在原野眼里，收藏能穿越时空，上承远古，下启未来，每一类每一件藏品都是蕴含着诸多方面的学识和掌故，承载了历代先人的精心追求与创造，作为一名普通收藏者来讲，收藏的过程也是学习的过程。记得2012年春天，当迎春花盛开的时候，原野匆匆踏上了前往甘肃天水的旅程。这是无数次出门的一次奔波，这次出远门目的只有一个，寻找那传说中的正宗六道木。经过艰辛的翻山越岭，终于寻觅了两件形态极佳的象形根料，那一刻，心中的喜悦几乎要溢出胸膛。回到上海后，他请来了国家根艺大师孙新，经过这位大师的巧妙创作，两件作品《六道木·南京板鸭》和《六道木·鸳鸯笔洗》摆件应运而生。原野再就两件作品撰写欣赏文章，在《新民晚报》上刊登，引起同好们的兴趣。

原野就是这样一位在收藏大地的踽踽前行的拾穗者，尽管只是茕茕孑立，但他在春去秋来的人生旅途中，捕获着收藏的喜悦，收获着藏品写成文章的快乐。特别是退休后，他坚持写作，以藏抒情，借古思今，引经据典，笔耕不缀，只要是一件好藏品，他就能写成一篇内涵丰富的好文章。苍天不负有心人，原野以他精湛的笔触和独特的视角，展现了一位藏界拾穗者不同反响的爱国情怀、专业修养和人文情怀。2010年10月，他获得上海市收藏协会授予的"海派收藏成就奖"。

今天，带着油墨清香的《原野收藏拾穗》已展现在世人的眼前，这是他勤奋写成的第六部收藏专著。此前的五本分别以"拾趣"、"拾经"、"拾粹"、"拾珍"、"拾贝"取名，由此可见这位拾穗者的丰硕的收获成果。原野的作品很受读者的青睐，他发表在《新民晚报》上的"化腐朽为神奇"一文，引为轰动，被全国（包括香港、台湾）六十多家新闻媒体，以及雅昌网、华夏、人民、新浪等著名网站转载。原野兄以自己独特的眼术与理念，诠释当下收藏的创新与理念，为我们海派收藏树起了一个标杆。他说："收藏是我的人生爱好，是时代赋予我的使命和责任感"。

岁月荏苒，窗外阳光灿烂，又到了传统节气小满了，谚语道："小满三天遍地黄，再过三天麦登场"。放眼望去，一片灿烂，让我们一起跟着原野先生去拾穗吧！

谨此为序。

识于甲辰小满

目　录

游山玩石

赏心阅木

伴泥同行

掌上把件

游
山
玩
石

巴林石·微雕花瓶

　　徐顺龙自幼喜欢书写，在黑龙江农场工作期间，业余爱好学习篆刻艺术，常常是废寝忘食，手不离刀和笔。以惊人的毅力，不断探索、刻苦钻研，几十年如一日。其治印作品无数件，件件都是精品，这为其在微雕石刻打下了良好的基础。在上海盆景、奇石界里的微雕石刻摆件，尤其是各类器皿方面，独树一帜，成为大家熟悉的民间微雕高手。

　　随着人们生活水平的不断提高，对物质和精神上的需要日益增强，譬如奇石、盆景等艺术上的追求需要，徐顺龙因势利导将雕刻的目标转移到装饰艺术、欣赏艺术之类的微雕石刻摆件中去。他采用巴林石雕刻了五件仿传统、典型的玉壶春等小花瓶，高度大致为3.5～5厘米左右的花瓶。款式有撇口、

短颈、直颈等造型，见者无不为之惊叹。

摆件，就是摆放在公共区域、桌、柜或者橱里供人欣赏的东西，范围相当广泛。像雕塑、铁艺、铜艺、不锈钢雕塑、石雕、铜雕、玻璃钢、树脂、玻璃制品、陶瓷、琉璃、水晶、木雕、花艺、花插、浮雕、装饰艺术、仿古艺术漆器、手绘大理石等都属于这一系列。其造型有瓶、炉、壶、如意、花卉、人物、瑞兽、山水、玉盒、鼎、笔筒、茶具、佛像等。

微雕，顾名思义，是一种以微小精细见长的雕刻技法，它不同于微刻，"微刻"是凹进去的，有装饰性，少立体感。通常人们把"刻"说成"阴雕"，而"雕"则指"阳雕"。微雕刻出的是精微细小的立体画面，是一种富有立体感的阳雕微观雕刻艺术。微雕施工极小，没有相当高的微观雕刻技艺和书法功底以及熟练运用微雕工具的技能是难以完成的，且刻作时，要屏息静气，神思集中，一丝不苟。

巴林石隶属叶蜡石，石质细润，通灵清亮，质地细洁，光彩灿烂，颜色妖媚温柔，似婴儿之肌肤，娇嫩无比。巴林石矿主要位于中国内蒙古自治区赤峰市的巴林右旗大板镇西北，雅玛吐山北面的大小化石山一带。与寿山石、青田石、昌化石并称为"中国四大印石"。巴林石石艺是巴林石的自然生成同人们的审美创造相结合的艺术。它把天工造物之奇与人工雕饰之妙紧密地结合在一起，形成了自己独特的艺术风格，表现出了与众不同的艺术价值。

徐顺龙作品以"精致、逼真、端庄、秀丽"的风格见长，他以精湛的工艺技巧，准确地把握了各类器皿的形象特点，从造型到神态，从瓶体到装饰，经过精雕细刻，突出了个性形象，在继承传统基础上，有了成功的创造。反映到装饰小件上，传统作品多，并在雕刻手法上有独特之处。

禅意圆满黄蜡石

柳国兴觅得一方黄蜡石，高40厘米，长38厘米，厚28厘米，其本体酷似大圆，而且其内部可见多个大大小小呈圆形孔洞，略数一下发现就有9个圆，可谓是圆圆满满、洞洞相扣，就称它为圆满石，其实它是一方品质良好正宗的黄蜡石，不愧为中华瑰宝。2011年2月1日黄蜡石被国家正式确认为黄龙玉，成为奇石玩家的收藏热点。

按照其石体，他专门找了一位底座高手，采用花梨木，精致配了一个灵芝如意红木底座。高23厘米，长36厘米，宽26厘米。奇石上座后，圆满黄蜡石更显禅意生辉、圆满大气、返璞归真、大智若愚。

黄蜡石又名龙王玉，因石表层内蜡状质感而得名。是石英岩矿物因为受地质变动影响，与酸性土壤混合，加上酸性土壤附近有地热或火山等自然条件，长期受酸性土壤和地热火山温度的双重催化，变质形成黄蜡石。所以结构紧密，韧性强，硬度6.5 ~ 7.5度，品质良好的黄蜡石有着田黄的颜色、翡翠的硬度，硬度好、透度高、色彩鲜艳丰富。玉化良好的黄蜡石成为了国家标准意义的"玉"，并且，不具有产地意义。

岭南是我国记载最早赏玩黄蜡石的地区，明清时期，广东粤东和潮汕地区就已收藏本地的黄蜡石，据《永安县志》记载："永安产蜡石，贡于朝，盛于名也。"在明清时期曾制作成鼻烟壶进贡朝廷。

黄蜡石是新发现的奇石种类之一，由于独特的形成条件，独特的形成过程，便形成独特的纹理图案，以其优美流畅、婉转曲折的线条构成千姿百态的各种图案：若行云流水，如狂涛巨浪，似人物肖像，像飞禽走兽……真是天人合一，韵味无穷，能给人以无限遐想，这是黄蜡石的具象美。

明代林有麟在其名著《素园石谱》中写道石尤近于禅。可见那时赏者已从石上看出禅意。禅是一种生命状态。赏者可从石上看出禅意。禅是一种生命状态。《六祖坛经》所谓"外离相为禅，内不乱为定"。赏黄蜡石，是一场禅意的慢生活。

赏黄蜡石，是一场禅定的仪式，每一块黄蜡石都是万物和谐自在的产物。千万年的岁月中，它们平和地接纳一切风雷地火，又在安静的岁月里与山水风月淡然栖息。它象征着一种从心底里透发出来的彻底达观、轻松、愉悦，如禅诗云"风送水声来枕畔，月移山影到窗前"。圆润饱满、意态空灵的黄蜡石，象征着禅对生活的态度——极致的圆融。圆融的意思，是将生存和死亡、快乐和痛苦、染污和净化、系缚和解脱等相对的生活内容，作为彼此相依、连续不断的过程来加以思考。赏黄蜡石，是一场禅意的慢生活：当你静心擦拭石头时，当你饮茶品石时，当你在春风秋露中与石静晤时，安宁与妙悟便如泉水突涌。赏黄蜡石是人生的一道风景。让人忘却生活的累赘，看清生命发展的方向，识本心，见自本性。

房舍石刻高手

　　沪太路奇石市场根据市场发展和石友爱好者的实际需要，不久前开了一爿寄货店铺，类似过去旧货市场，不过它寄售的不是人们日常生活用品，它全部是来自天南海北各地的奇石类东西。喜欢收藏的我，在铺内老板桌边的一个玻璃柜里，我相中了两件雕塑摆件，一件是乌木雕的古树，另一件是寿山石雕的民居房舍，我叫店主打开玻璃橱门取出摆件，将两件东西分别置于手中仔细翻看，最终两件东西全部收入囊中，其中这件房舍经讨价还价，最后以一千元成交收下。

　　该房舍石雕，长6.6厘米，宽4厘米，高3.5厘米。整件雕刻，错落有致，布局合理，有三层，最高一栋应是主人居宿，其次两栋应是家人或佣人居住的吧。房舍下边顶头应是柴禾间和厨房间，中间还附带着两小间家禽、犬舍。

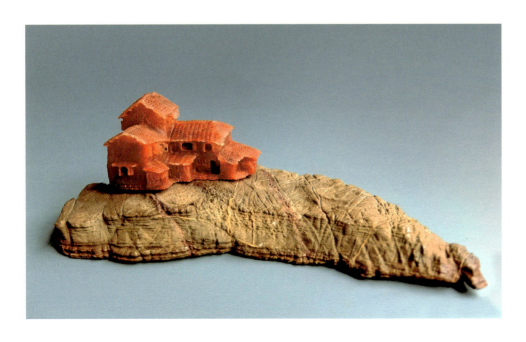

整件房舍结构讲究，它并不是简陋的茅屋、土坯房，而是砖瓦结构的农舍房，屋顶上的瓦片排得整整齐齐，密如鱼鳞，这应该是一户温馨、丰硕和美满的大家庭。

随着人们生活的提高，艺术品收藏越来越受到人们的喜爱，奇石收藏便是一例，随着人们欣赏水平的提高，对作品的玩赏层次要求也越来越高，因此在上海涌现出不少玩赏名家和石刻高手，他们因工作、生活的认知、经历不同，而刻制的东西也各有千秋，有的擅长雕刻舟船，有的擅长古代人物，有的擅长雕刻房舍……无论走到城隍庙、花鸟市场、沪太路奇石市场等店铺，经常能见到他们的作品。我是一位艺术品收藏者，出于爱好，家中已经收了不少这类东西。

这件农居取之寿山石雕刻而成，布局合理、形态逼真，为了突显精美的房舍雕塑摆件，我特意选了一方随形泥石，长17厘米，宽10厘米，高2厘米。石面布满褶皱纹理，颜色呈暗绿色，大小比例恰当、色彩相配，果然熠熠闪烁、整齐的鱼鳞船瓦片、错落有致的农舍住宅和充满浓郁乡间气息泥土相当吻合，成了绝配，一个立体的农家居舍立刻映入眼帘，为我们呈现了一幅充满生活气息、美丽的乡居图。

风凌石·采药人

　　作为海纳百川的上海，不仅是传统文化的收藏热土，而且还是藏龙卧虎、人杰地灵的宝地。上海市盆景艺术大师顾宪旦，便是其中一位。痴迷于盆景制作的他，尤其在微塑盆景上，独树一帜。作品《风凌石·采药人》就是一例。

　　风凌石是奇石中造型最为丰富的一个品种，其造型变化比较大，一般都具备传统赏石的"丑、漏、透、瘦、皱"的要素。结构有细条状、团块状、互层状或不规则的细纹理状等。由于硬软程度有差别，经过千百万年强劲风沙的作用下，从而形成了各种造型。

　　这方呈山形风凌石，长8厘米，宽6厘米，高8厘米。左侧呈坡状形，右

侧为陡峭山崖形，尽显峻险。中医诞生于上古时期，春秋战国时期理论已基本形成，北宋时期的沈括所著《梦溪笔谈》收录了其一生的所见所闻和见解。其中《采草药》是他在医学史上的重要贡献。早在上古时期就有了采草药的历史。人类对本草的认知体系，正是在一次次进山的寻药中完成。随着人们认知的不断深入、发展。所以，浅山中早已寻不到好药，采药必须走进深山，甚至需要寻觅深山的更深处。因此，在广西，采药人腰系绳索，手握药刀，或在悬崖峭壁上，或走在山涧沟壑中，或独自一人，或三五成群，寻找着即将消失的珍贵草药。好药，长在云雾里，生在深山处。药农很艰辛，他们要攀爬、越岭，俯瞰足下白云弥漫，环观群峰云雾缭绕，上顶云天危峰兀立，壁立千仞峰峦叠嶂连绵起伏，怪石嶙峋，远远地望去，那悬崖是那么高，那么陡，好像是被人用巨斧劈峭过似的。走近些，只见云雾缭绕，犹如一把利剑，耸立在云海之间，真是令人望而生畏，感慨万千。

作者重视意境，采用摆件弥补，有意在左侧峰配置了一组仅仅露出屋顶的楼阁，既弥补了缺石的不足，又拓宽了景深。采药人是主角，又是作品的点睛之处，作者采用了青田石微刻了一个仅1厘米大小身背箩筐的采药人，在雕刻时，注重刻画了他凌空的动态感，为了突显主题，更精彩的是作者在下面特意刻了一艘渔船，艄公手指崖壁，似乎在惊呼，船头仿佛也在向上观望，形成一幅情景互动，动静相宜，以景托情，寓情于景，在情景交融中营造出生动的艺术境界。

善于借鉴绘画、雕刻、工艺美术的成就，集阴线、阳线、平凸、隐起、镂空、俏色等多种传统做工及历代的艺术风格之大成，又吸收了外来艺术影响并加以糅合变通，创造与发展了工艺性、装饰性极强的奇石工艺，有着鲜明的时代特点和较高的艺术造诣。小型山水盆景尽显精彩魅力。

《风凌石·采药人》以石立意，以形赋意，以小博大，以精博大，成功地诠释了采药人工作的不易以及惊险场景，同时让我们清晰地了解顾宪旦盆景艺术大师的非凡的构思和高超技艺能力。形成了坚实铿锵、造型奇特的奇石。虽片掌之大，能蕴万物之象；一拳之小，能藏千山之秀。确有："试观烟云三山外，都在灵峰一掌中"之境界。

芙蓉石雕·布袋和尚

　　寿山石为我国国石，素有石中之王的美誉，受到人们的青睐。是中国传统艺术宝库中一枝绮丽的花朵，在艺术风格上有独特之处，同时在技法和表现手法上也不尽于其他的雕刻艺术。寿山石雕题材广泛，其中人物是寿山石雕中的一个主流项目，尤以佛教题材最多，包括罗汉、观音、弥勒等。

　　该石雕，长9.5厘米，宽5.5厘米，高7厘米。整体呈卧姿，人体比例准确，坐势自然舒展，神态悠然自得，面额饱满，鼻宽且丰，两眼微闭，两唇微翕，欲言又止，表情异常生动，衣纹用刀十分流畅，富有动感，不论前观还是后看，都显得和谐自然，堪称人物杰作。作者还利用俏色。其主要颜色为白和嫩黄两色，身体部分采用嫩黄色，外披的袈裟衣服和布袋则采用白色。懂得用石材的有色部分雕刻，用无色部分雕刻罗汉肌体，用以衬托雕像，使之瑰丽多彩。在这些人物衣纹的处理上多使用阴型钩线以表现衣饰的褶纹，线条洗练，寥寥几刀便把衣服飘动的质感表现得淋漓尽致，给人以真切自然之感。在人物面部的表现上，注重眉目传神，笑脸张开，分别施以点刻或短冲刀，层层而施，轻重恰到好处；且这些部位及眼仁多染墨，与寿山石温润的质地产生强烈对比，增强了其艺术效果，并有鲜明雕刻技巧，造像着重传神，造林友竹等。

中国传统人物雕刻技法讲究线条美，衣服飘举，而北朝齐曹仲达画人物则笔法稠迭，衣服紧窄，对衣服褶纹的表现形式，后人称之为"吴带当风，曹衣出水"。寿山石雕受其影响可谓兼收并蓄，最明显就是反映在衣纹的处理上。如雕仙佛人物，有意夸张袍袖的摆动，加长飘带多卷几个旋圈，以增加线条的刻画；在佛像身上，刻柔中带刚流畅的等距离的"水衣纹"长线，这些都是取得装饰效果的必要手段。雕刻宽袍大袖的飘逸者多用"吴带当风"式，紧衫窄裳者多用"曹衣出水"式，根据情景的需要，还可进行不同的变化。

寿山石雕弥勒有坐、卧两种形式，坐式姿态如释迦，端正盘腿，下坐莲台。该"布袋和尚"呈侧卧。弥勒肥头大耳，袒胸腆腹，光头赤脚，衣饰不整，笑口大开，面部表情要刻画为灿烂的笑容，刀法流顺，衣节飘逸顺畅。作者准确地把握了人物体态及容颜特点，运刀自如，密而不乱，凸现了寿山石雕的精湛技艺。

五代十国时期，天下大乱，地处浙东明州府的奉化，现身契此布袋和尚。在溪边捡到用布袋装着的小孩，为之取名契此，而这个小孩便是弥勒佛的化身布袋和尚。契此长大后，出家为僧，他身材矮胖、满脸欢喜，平日以杖肩荷布袋云游四方，以禅机点化世人；他乐善好施、让众生离苦得乐。布袋和尚除恶扬善，运用自己的智慧，与世间的邪恶势力斗智、斗勇，拯救百姓于苦难之中，受到百姓的尊敬爱戴。一句"大肚能容，容天下难容之事；开口便笑，笑世上可笑之人"，便是布袋和尚的真实写照。

黄灵璧·孔雀

著名收藏家柳国兴在产地安徽灵璧收到了一方孔雀象形黄灵璧石，石长58厘米，宽20厘米，高36厘米；一个精致的采用交趾黄檀雕制的灵芝红木底座，高23厘米，长26厘米，宽20厘米。

该石酷像一只腾空待飞的孔雀，势出博大雄浑，豪放洒脱，大气端庄间洞穿最为点睛，内蕴空灵，外显朴实，展现出强劲有力的飞腾气势。石质坚硬，声如磬钟，之中透着一种秀雅，奇石嶙峋，变化多端，

洞孔迭出，飞云逸天。观此石色泽清朗淡雅，肌理细腻。虽无磅礴气势，但适中清秀的骨体，又别有一番让人神游的独特魅力。清清傲影淡淡雅韵，如妙曼轻舞映入眼帘。此石质坚润泽，温润而光鲜。一如悠远的美，古韵苍茫伫立千年。如韵姿翩舞，悄然在挥舞着澎湃且精致的旋律。石质坚实细润，

黄中带红的色彩光亮四溢，形态上不拘于型，淳朴中透着灵秀之气，但直观的感受是寂静肃穆，风骨高傲，于无形态中让你领略非一般的感悟。

唐宋时期，灵璧石就被列为贡品，和英石、太湖石、昆石同被誉为"中国四大名石"。清朝时，更是被乾隆封为"天下第一石"。灵璧石在四石之中当属首位，其形、声、色、纹、质、势六者兼备，早已名扬四海。

据《云林石谱》记载："石在土中，随其大小，具体而生，或成物象，或成峰峦，蜿蜒透空，其状妙有婉转之势，叩之铿然有声"。宋代的杜绾所著《云林石谱》中将灵璧石列在第一位，明代的文震亨所著《长物志》认为"石以灵璧为上"。据传，清代皇帝乾隆御赐灵璧石为"天下第一石"之美号。战国时代齐国的孟尝君，南唐后主李煜，宋代大文豪苏东坡，宋代书画家米芾，宋代皇帝宋徽宗，元代书画家赵孟頫等文人墨客都对灵璧石喜爱有加，而现在灵璧石更是得到了广大石友的青睐。

孔雀仅2属3种。全长达2米以上，其中尾屏约1.5米，为鸡形目体型最大者。头顶翠绿，羽冠蓝绿而呈尖形；尾上覆羽特别长，形成尾屏，鲜艳美丽；真正的尾羽很短，呈黑褐色。雌鸟无尾屏，羽色暗褐而多杂斑。栖息于森林的开阔地带。杂食性，主要分布于印度和斯里兰卡、东南亚和非洲等热带地区。中国仅见于云南西部和南部，其野生数量稀少，为国家一级保护动物。孔雀无论在古代东方还是西方都是十分尊贵的象征。在东方的传说中，孔雀是由百鸟之长凤凰得到交合之气后育生的，与大鹏为同母所生，被如来佛祖封为大明王菩萨。在西方的神话中，孔雀则是天后郝拉的圣鸟，因为赫拉在罗马神话中被称为朱诺，因此孔雀又被称为"朱诺之鸟"（Bird of Juno）。

孔雀的寓意很多，首先是吉祥如意：它是百鸟之王，最大特色在于开屏。古文有记载，孔雀开屏是吉祥之兆，能够辟邪保平安。其次前程似锦，古代官员官服上常会绣上它的图案，官帽上会连缀羽毛。所以孔雀是权力的象征。最后白头到老，孔雀尾部能绽放出满屏的精彩，这代表着满满的幸福。再加上孔雀的头部拥有白头，寓意着白头偕老。

奇石，是大自然恩施我们的珍贵宝物，大自然的鬼斧神工的造型，斑斓的色彩，引发我们无尽的遐想，给我们以心灵的触动，增添了生活的情趣，使我们更加热爱丰富多彩的生活。品鉴奇石，不仅是寻找一种自然美，更是品味一种文化的美。

孔雀石·芙蓉国里尽朝晖

孔雀石是一种古老的玉料，主要成分为碱式碳酸铜。英文名称为Malachite，意思是"绿色"。它因颜色酷似孔雀羽毛上斑点的绿色而获名。产于铜的硫化物矿床氧化带。世界著名产地有赞比亚、澳大利亚、纳米比亚等地区。孔雀石又被称作"蓝宝翡翠"和"蓝玉髓"。古称之"石绿"。其形多变似钟乳状、块状、皮壳状、结核状和纤维状等集合体，为极其昂贵的宝石类矿物，是盆景制作的极佳材料。

多年前的矿石展销会上，上海市盆景艺术大师顾宪旦有幸觅得一方漂亮的山形绿孔雀石。石长26厘米，高13厘米。经切底，石体青翠碧绿，尽显峰峻林翠妩媚之姿。整座山型呈"L"形，主峰拔地而起，峻峰兀立，怪石嶙峋，势如苍龙昂首，气势非凡。当晨曦的阳光升起，巍峨黛绿的山峰上林木郁郁葱葱，霎时峭壁生辉，山间盛开的红色木芙蓉花，给整个山体装扮得分外妖娆、美丽。

芙蓉花，又名木芙蓉、拒霜花、木莲等，原产中国。其性喜温暖、湿润环境，不耐寒，忌干旱，耐水湿，瘠薄土地亦可生长。它为湖南的省花，史料记载，自唐代始湖南湘江一带便广种木芙蓉；唐末诗人谭用之赋诗曰："秋风万里芙蓉国"。从此，湖湘大地便享有了"芙蓉国"之雅称。

"好船配好帆"好盆景须配好摆件，使盆景锦上添花，起到画龙点睛作用，顾宪旦特意在右侧山脚下的两边都配置了湘西特色的吊脚楼，岸边一排鳞次栉比褐色的吊脚楼。他采用青田石，雕刻房舍，用黄杨木削出若干细长条，按实际需要截成小段，再把它们粘接在房屋底部，吊脚楼就基本成型了。为使吊脚楼有久经风雨的沧桑感，雕刻时适当地变形、歪斜，吊脚也有粗细、弯直之分。安装时，有意把几根吊脚装得不规则。增强了逼真感。他还添置了一些生活元素，如晾晒的衣服、竹篱，并在河边岸边的一方宅基地，设置

一个村民在田间劳作场景。在苍翠俊秀的高山下宽阔水面中，一个渔夫以鸬鹚捕鱼，驾着小舟顺流而下的景色，又在岸边停泊的小船和岸石……细小点缀，既增添了生活的意境，又拓展了作品的生气，使这方鬼斧神工打造的原石，更趋完美地展现在方寸的盆景之中。将洞庭湖畔、橘子洲头自然和谐的美景表现得淋漓尽致、一览无遗。

"芙蓉国里尽朝晖"是出自《七律·答友人》伟人毛主席的诗句，意思是在芙蓉盛开的家乡朗照着清晨的光辉。其间充分表达了主席对家乡眷恋和深切怀念之情。《孔雀石·芙蓉国里尽朝晖》顾宪旦以丰富的想象力、巧妙的构思、高超的技艺，生动地将作品主题完美地表达出来。

"功夫不负有心人"。小品盆景，尤其是微型山石盆景，起源、兴盛于上海，任何艺术的发展，必须有汗水的付出。顾宪旦老师从上世纪70年代末开始接触山水盆景，并喜欢上了这门艺术。他凭借着对艺术的痴迷，那时，受经济条件限制，无法买太多的配件，他就利用从事机械类工作的有利条件，采用石膏制作配件，房屋人物，家禽走兽，在自家的天井中逐步摸索开始创作，他善于思考，在仔细揣摩、学习他人山水盆景的经验基础上，刻苦钻研、不断实践，终得正果，他的作品得奖无数。2023 年 8 月 23 日美国纽约时代广场也专门作了展播。

"洞幽景奇，峰峦叠嶂，精彩纷呈，微塑山水盆景栖身咫尺盆盎中，仍不乏山水自然意趣。"这是观众对《孔雀石·芙蓉国里尽朝晖》的作者，上海市盆景艺术大师顾宪旦作品观后感的一致评价和共识。

昆石·雪花峰

著名收藏家柳国兴近期又觅得一方体量稍大的昆石，该石雄浑挺拔、洁白如雪、晶莹似玉、骨骼清秀，我为之取名为"雪花峰"它高70厘米，长50厘米，厚40厘米；采用交趾黄檀镶黄杨精制灵芝如意底座，高22厘米，长28厘米，厚26厘米。一方晶莹洁白的昆石再配上红木基座便使得其格外典雅古朴，玲珑剔透。真可为"极天斧神镂之巧，融自然艺术之奇"的天然工艺观赏精品，落座后"雪花峰"更显雄奇、古朴、高雅之态。

昆石产于昆山市玉峰山。该石洁白无瑕、玲珑剔透，举世独特，所以被誉为巧石，玲珑石，俗称昆山石。它的开采已有两千多年历史了，历来被视为艺术欣赏品。在马鞍山麓亭林公园东侧两个方亭内，陈列着最大的两座昆石。东亭内的名曰"春云出岫"，西亭内的名曰"秋水横波"。嶙峋冰清，体态飘逸。昆石与灵璧石、太湖石、英石齐名，同被誉为"中国四大名石"。

历代文人雅士钟爱昆石，他们都以拥有该石为荣，不惜重金索取。得石后给石取名，吟诗作赋，赞誉不绝。宋代大诗人陆游在他的诗中有"雁山菖蒲昆山石，陈叟持来慰幽寂。寸根蹙密九节瘦，一拳突兀千金值"之句。元代诗人张雨在《得昆山石》一诗中有"昆邱尺璧惊人眼，眼底都无嵩华苍"。因此，它历来受到达官贵人的宠爱和收藏。石质晶莹玉质感强，色泽光洁交相辉映，晶体洁白，表面光泽悦目，没有灰白之感，堪称昆石中的上品。通体洁白如雪是昆石与其他石种的最大区别。昆石之色高贵典雅，犹如幽兰的清香；昆石之色清新脱俗，犹如白玉兰的醇香；昆石之色光亮明快，犹如琼花的暗香。白色显示光洁滋润、柔和生香，确具素雅之美。昆石与太湖石、雨花石并称为"江苏三大名石"，开采历史已逾千年。其色雪白，给人以纯洁的美感，又因产出极少，自宋代以来历来被视为供石中的上品。昆石的开采历史很悠久，宋代《云林石谱》中就已作介绍。它的采制大致要经过选坯、曝晒、冲洗、剔泥、雕琢、浸泡等复杂工艺，方能完成，数量相当稀少，颇为名贵。玉峰山高才82米，方圆不过三华里，经过千年开采已很难看到它了，如今高达尺余的昆石已属稀有，连20厘米以下的昆石也很难寻觅。

昆石的摆放位置相当重要，一般将它置于案几上能使您"眼见尺璧，如临嵩华"，"悦人耳目、怡人心神"之感觉。昆石亦被昆山市政府列为"昆山三宝"之首（昆石、琼花、并蒂莲）。昆石属于历史悠久、独特珍贵、稀有、存世量小、流传范围小、不能再开采的石种，所以喜欢的石友十分看好和钟情。昆石古时称玲珑石，外形精巧细致，空洞贯通，窍孔遍布，通灵剔透，皱褶波动，凹凸分明，自然天成。昆石的形体与其他象形石不尽相同，它不仅显示自身的峰峦叠嶂和涵洞通幽，还特别强调圆雕、透雕以及浮雕相结合的立体效果，其观赏角度也是多方位的。举世瞩目的"第十届中国花卉博览会"上，柳国兴的一方昆石《雪玲珑》曾唯一被推荐"昆石代言人"荣登展台，一展风采！

老挝石刻·各式迷你器皿

　　老挝石"入侵"福州，就一直被人关注，老挝石因生活在雨水充沛的国家，它在脱水的情况下，即使用油仍然会褪色；即使不褪色，颜色也会起着变化。所以九成以上的该类石种会褪色。其次，还在于其手感方面的不适，其质不够细密结实，凝润度并不及外表来得光鲜。除此之外，其硬度与寿山差别不大，但在制印或雕刻的过程中，刀感较为生涩，石屑有点粘刀，刀过成痕，不似寿山那种爽利的感觉。再者从颜色上来讲，其色过于单调，目前主要的颜色有红、黄、白，全然不像寿山石般多姿多彩。它的出现，以福州

为主场。

　　自学成才的民间石刻高手，徐顺龙采用老挝石，以自己精湛的技艺，微刻各式器皿。老挝石颜色全然不像寿山石般丰富，他因地制宜制作一些小型器，凭借擅长绘画、雕刻、工艺美术的成就，集阴线、阳线、平凸、隐起、镂空、俏色等多种传统做工及历代的艺术风格之大成，又吸收了外来艺术影响并加以糅合变通，创造与发展了工艺性、装饰性极强的器皿工艺，有着鲜明特点和较高的艺术造诣。用老挝石各式器皿摆饰独出心裁，以留皮巧雕取胜。

　　这些器皿，造型别致，玲珑巧夺天工，微雕施工极小，没有相当高的微观雕刻技艺和书法功底以及熟练运用微雕工具的技能是难以完成的，且刻作时，要屏息静气，神思集中，一丝不苟微雕艺术。"艺在微"、"技在精"，愈是细微，功夫愈精，价值也愈高。微雕也是十分讲究画面和章法的艺术，这就是"灵魂"。他的器皿品种繁多，有香炉，有带盖的，有不带盖的，有水盂……尽管造型各不相同，但共同点都是迷你型的、精彩绝伦的袖珍器皿。

　　"成功不是偶然的，需要坚持不懈的努力"，徐顺龙经过刻苦努力和长期的实践经验，凭借自己灵巧的双手，制作的每件作品都渗透了他的心血和汗水，赢得了广大爱石者和盆友们的一致认可。

灵璧·作揖小黑狗

这方"灵璧·作揖小黑狗",是著名收藏家柳国兴的馆藏奇石,其全身乌黑,形象生动,恰似一只活泼可爱的小黑狗。

它是一方正宗的灵璧象形石,高66厘米,长38厘米,宽26厘米。用花梨木精制了一个底座。小狗呈站立姿,口吐小舌头,双手合并呈作揖的可爱模样。

"灵璧一石天下奇,宝落世间何巍巍;声如青铜色如玉,秀润四时岚岗翠",这是宋代诗人赞美灵璧石的佳句。灵璧石产于宿州灵璧县,它有奇特的天然造型,居中国四大美石之首,为历代名人雅士所珍藏。

睹物生情,时光飞逝,白驹过隙,它让我回想起五十多年前在部队曾遇一条小狗。它刚断奶由炊事班的四川兵梁基苏从老百姓家抱来的,那时营房在大其山下,来往的人很多,它见到生人就会狂吠,但只要见穿绿军装的人,便会摇头摆尾、作揖的模样煞是讨人喜欢。

它是一条普通的黑色小草狗,毛色乌黑铮亮,抱来时只有巴掌大小,胖乎乎的,像个小毛球,人见人爱,大家抢着抱,因为长着一身黑色的毛,所以大家都叫它"小黑",在大家的呵护下,成长很快,一年后就成了一条大狗了,在炊事班小梁调教下,它有一种本领:它有什么要求时就立起身子,把两只前脚并在一起不停地作揖。小黑同大家相处得很好。它不咬人,见到不穿军装的陌生人,只是在大门口吠一阵,我们一声叫唤,它就跑开了。

平时它同战士们相处很好,每当连队开饭时它总是围着战士们转,大家同时乐意省下一口款待它。我特别喜欢小动物,加上天生不喜欢吃荤的,每次我总会给它吃,所以对我特别亲。我是连队的文书,经常要去营里送材料,它见到后总会悄悄地跟着我。

部队每年都要离开营房,到野外训练一段时间,连里就只留下几个看守人员,这时我们都会恋恋不舍告别小黑。小黑也非常懂事,它会不停地呜呜地叫，似乎看得懂我们要外出了。每当训练结束，部队军车回来，小黑像发疯似的狂奔到我们身边，又是舔，又是跳，两只爪子还爬到我们的腿上，不停地来回拽……

　　动物的灵性远超过人，狗是人类的好朋友。整整五十年过去了，我依然想念小黑，对动物喜欢依旧，我复员后依然保持了这个习惯。"万物皆有灵，相依缘相伴"尽管我退休下来已十多年了，现在仍然保持每天到附近的蝴蝶湾公园去喂猫的习惯。有句俗话说得好："你若善良，人世温暖；你若慈悲，岁月留香"。

灵璧石·别有洞天

"灵璧一石天下奇，声如青铜色如玉"，宋代诗人对灵璧石发出的赞叹。灵璧石的开发已有千年历史，乾隆帝也赞誉它"天下第一石"，它具有形状奇特、纹饰美观、声如磬石、质地坚韧，具有较高观赏价值。

走进著名藏石家柳国兴的藏馆，桌案正中央摆放着这方灵璧大气的案石，也称贡石、厅堂石，通常都在正门玄关或场内某个重要位置陈设一方主展石，从布展的效果和意义来说，该雅石无论在体量和质量上，要求具有压镇、稳固作用和气场。

这方灵璧石，它长50厘米，高28厘米，厚26厘米；采用花梨木雕以灵芝如意云纹双托底座，高26厘米，长55厘米，厚26厘米。泰然自若、气势轩昂、泰山极顶、包浆油润、石色乌黑、石筋清晰、中间天然有个洞、造型独特，故称"别有洞天"。"天生一个仙人洞，无限风光在险峰"。

灵璧石因地壳的不断运动变化，经过亿万年的水土溶蚀和内、外应力的自然雕琢，形成了"瘦、皱、透、漏、圆、蕴、雄、稳"等形态美的特点。观其态：首先，造型各异。有的剔透玲珑，惮奇尽怪；有的肖形状景，惟妙惟肖；有的神韵生动，震撼人心；有的轮廓抽象，写意传神；有的气势雄浑，沉奇伟岸；它是天设地造、美妙绝伦的天然艺术；其次，石质优良。灵璧石有的粗犷苍劲、细腻若肤、温润如玉、结构致密，硬度在莫氏3~6度之间。精炼，而且更能显示出其坚贞的特殊气质；最后，色彩多样。有：青黑磬石奇石、青黑奇石、皖螺石、纹石、五彩图纹石、条纹石、白灵璧石及众多的单色石、双色石和复色石等。

总之，不仅具备了奇石的自身艺术魅力，而且使观赏者拓宽了视眼，平添了无限的审美情趣，难怪它毫无疑问地被列为四大国石之首。

灵璧石有较强的观赏价值。大者高可置于园林、庭院，能独自成景。中

者，可装饰于厅堂、宾馆或陈列馆中。小者可置于居室、案头、几案之上。赏玩灵璧石可以得到多种享受，叩之，灵璧石金属之声动人心弦；抚之，温润厚实，质感极强，且随季节变化，手感享受也不同；视之，刀仞一拳，大千世界尽收眼底；思之，犹如置身于大自然之中，放怀于山水之间遨游，尽情享受大自然之美。

石品如人品，石之坚贞，是中华民族气质的体现。清代学者赵尔丰说："石体坚贞不以媚悦人，孤高介节，君子也，吾将以为师。石性沉静，不随波逐流，叩之温润纯粹，良士也，吾将以为友"。灵璧石属自然艺术品，它可以同任何人文艺术品相媲美。要想得到艺术品位高的灵璧石，可幸遇而不可强求。"灵璧石·别有洞天"不愧为一方好石。世上有"千金易得，一石难求"之说，就是这个道理。

玛瑙石·漓江捕鱼人

　　桂林漓江是世界上规模最大、风景最美的岩溶山水游览区，千百年来不知陶醉了多少文人墨客。它以桂林为中心，北起兴安灵渠，南至阳朔，由漓江一水相连，其游览胜地繁多，漓江阳朔段为最具代表性，是桂林山水的精华所在。

　　一方起伏有致的山形奇石，它是戈壁玛瑙，产自我国内蒙古阿拉善、新疆等戈壁地区。石质细腻。长18.5厘米，宽10厘米，高14厘米。石体山势绵延起伏、浅峦高岑、张弛有度，呈一峰耸峙，众峰拥簇，高低参差，尊卑分明，主从容与，体势雄强。酷似桂林漓江的山峦，我还挑了一件渔翁、鸬鹚微塑摆件与之相配，一幅立体的漓江渔歌画面映入眼帘。

　　百里江流千幅画，漓江山水甲天下。漓江属珠江水系，从桂林到阳朔共83公里水程，像蜿蜒的玉带，缠绕在苍翠的奇峰中。因地球西部高，东部低所造成的，惟有湘江的水是由南向北而去，漓江的水由北向南而下，所谓"湘漓分流"，漓江故此得名。江上渔翁、山间劳作农民，和谐嵌入画中，如诗般美景呈现面前，让人不禁轻呼难道这是世外桃源？漓江山水之媚，怕王勃再生也难以赋诗，山是翡翠，水是碧玉，天地间的宠儿。渔民穿着粗布对襟褂，披上蓑衣，头戴斗笠，脚踩短胶鞋。蓑衣、斗笠、鱼鹰、竹篾筐，已成为漓江旅游的标记。鸬鹚，也叫鱼鹰。鸬鹚捕鱼是中国劳动人民传承千年的古老技艺，在漓江两岸的渔民中也世代相传。渔翁手拿划桨，脚踏竹筏，鱼鹰立足船尾的画面就要出现了。一条小船，一个渔夫，一群鸬鹚，俯冲下水，衔起鱼儿……鸬鹚捕鱼曾是传统渔猎生活的重要组成部分。与四周的青山岩壁构成一幅有声有色的立体图画，别有一番诗情画意。

　　渔夫利用鸬鹚捕鱼要讲究方法。在鸬鹚下水前，渔夫用荷包草做的绳子将鸬鹚的颈部绑住，防止鸬鹚吞掉捕到的鱼。然后用竹竿将鸬鹚驱赶下水，鸬鹚们会灵巧地腾空跃起，一会儿纷纷钻入水中，搜寻着湖水下的鱼儿，待捕到鱼后，先贮藏在喉囊中，渔夫伸出竹竿，鸬鹚便跳跃其上，竹竿再往渔舟上一搭，鸬鹚就上了船。待鸬鹚抖落毛上的水珠，渔夫用手抓住其喉囊，轻轻一捏，囊内的鱼便被挤出来了，然后用早已准备好的小鱼犒劳鸬鹚们，饥肠辘辘的鸬鹚都争先恐后地围在渔夫们身边抢夺食物。鸬鹚捕鱼是渔翁们生存的依靠。2020年，阳朔鸬鹚捕鱼习俗被列入第八批自治区级非物质文化遗产名录。如今，鸬鹚捕鱼作为漓江的表演已成为一道靓丽的风景线，供来往的游客观赏。

"峰倒碧波盈，漓江暮霭青"漓江渔歌一幅诗情画意的捕鱼场景跃入眼帘。漓江是桂林人民的母亲河，也是中国锦绣河山的一颗明珠，是桂林风光的精华，灵魂，精髓。它早已闻名遐迩，著称于世，小品"玛瑙石·漓江捕鱼人"真是漓江风光的真实写照。

明月思亲人

白露刚过的时节，与石友陆云龙、张静庵来到上海民间石刻艺人韩桂德先生的府上。早就闻悉其在奇石、盆景界的石刻船摆件可谓是顶级的，沪上所见相似东西，无人可与之媲美，他的不少作品还流到海外去。

事出有因，原来他自幼与父辈在漕河泾一带船上生活、工作，与船结下不解之缘，谙熟各种木船的形状、结构及用途，对船有着深厚的情结。凡出自他制作的船，艘艘惟妙惟肖、形象逼真、栩栩如生。

作为一名收藏爱好者见到他的船当然兴奋至极，当即就选了几款自己喜欢的船型，回家后便开始了创作。

"离人无语月无声，明月有光人有情"，时下中秋将临，在这物质不匮乏的当下，似乎吃月饼的幸福感已渐行渐远，相反讲究意义的需求却愈加近了，常言道："中秋佳节倍思亲"思念成了普遍的追求。我想起慈母离去已两年了，她原本是广东汕头人，因家境贫困孤身从广东坐船逃到靠近上海的青龙港，身无分文的她一路受尽折磨。于是大海、渡船成为我理想的主题。

经构思布局，首先要表现海滩，我"翻箱底"找到了一方奇石，它长37厘米，宽26厘米，高4.5厘米的随形平板风凌石，其色呈黑、灰、白，全由沙粒状组成，酷似铺满鹅卵石的沙滩，极具海滩形象；其次要选择渡船，我特意选了一艘青田石单帆摇橹客船，石长12厘米，高12厘米，宽3厘米，另附几艘大小不等单帆摇橹舟和双泊锚船作配景，以增强意境；最后采用聚光手电筒在背景纸上打了一轮明月，"明月思亲人"的小品呼之欲出了。

"海上生明月，天涯共此时"在这中秋来临之际，创作了这件小品以寄托对母亲的深深怀念。母亲之后遇到了父亲，才摆脱了苦难深渊。我们也长大成人，在党的关怀培养下我们也事业有成，父母在我们的照料下，后半辈子也过得很幸福，都活到了94岁高龄，只是疫情原因才先后离去。中秋是明月当空，月中有个兔子，母亲也正好属兔，我的藏品兔子摆件很多，她非常喜欢，经常自己会摆弄……

韩桂德的石刻船，返璞归真、精致细腻，让我产生联想，真是：明月千里寄相思，石刻舟船表深情。

石雕·卖西瓜

"赤日炎炎似火烧,摊主吆喝把扇摇;樵夫汗流如水浇,吃片西瓜歇歇脚。"这是上海市盆景艺术大师顾宪旦石刻小品的画面。

夏日里,烈日炎炎,骄阳似火烧,天空中没有一丝风,打柴的樵夫汗流

浃背，脱去了衣服，见到前方一个老头，一边摇着蒲扇，一边吆喝着卖西瓜，刚刚采摘的大西瓜，我的西瓜圆又大，表皮的颜色绿绿的，带有黑色的花纹。切开西瓜，立刻露出了红色的瓜瓤，同时淌出了西瓜汁，只见瓜瓤里嵌着一粒粒乌黑的瓜子。这时，樵夫早已馋得口水直流，恨不得马上就咬一口。

西瓜是葫芦科西瓜属一年生蔓生藤本植物，形态一般近似于球形或椭圆形，颜色有深绿、浅绿或带有黑绿条带或斑纹；瓜子多为黑色，呈椭圆形，头尖；茎枝粗壮，有淡黄褐色的柔毛；叶片如纸，呈三角状卵形，边缘呈波状。花果期5～6月。自五代时由西域传入中国，故名西瓜。

西瓜的原产地是在非洲热带的干旱沙漠地带，主要种植在热带地区，在南疆和中亚地区已有1000多年的栽培历史。西瓜喜温暖干燥的气候，不耐寒，耐旱不耐湿，喜光照，需肥量大，以沙质土最佳，繁殖方式主要有嫁接、种子繁殖，借助外力者或人工栽培，就会长出新苗。

西瓜为夏季之水果，果肉味甜，能降温去暑。种子含油，可作消遣食品。果皮药用，有清热、利尿、降血压之效。

中国是世界上最大的西瓜产地，但关于西瓜的由来，说法不一。一种说法认为于西域传来。另一种说法源于神农尝百草的传说，相传西瓜在神农尝百草时被发现，原名叫稀瓜，意思是水多肉稀的瓜，但后来传着传着就变成了西瓜。其实，早在四千年前，埃及人就种植西瓜，后来逐渐北移，最初由地中海沿岸传至北欧，而后南下进入中东、印度等地，四五世纪时，由西域传入中国，所以称之为"西瓜"。古人描写赞美西瓜的句子很多：

"西瓜足解渴，割裂青瑶肤"——南宋·贺方回《秋热诗》。

"香浮笑语牙生水，凉入衣襟骨有风"——元·方夔《西瓜行》。

"蕴雪令冰心齿凉，两团绿玉许分尝"——清·丘逢甲《咏西瓜》。

《石雕·卖西瓜》妙趣横生，还原了古代的场景，让我们仿佛回到了遥远时代，目睹和体验了那时的风土人情。

寿山鹿目石·九子夺嫡

　　寿山鹿目石，色泽多为黄，艳则如枇杷，暗则作红酱如年糕。通灵细润者，近似田黄，但无萝卜纹，且黄中泛红，名鹿目黄，又号鹿目田，其价值亦不减于田黄。现在市场出现的老挝田极像鹿目。

　　该作品收藏于九十年代的藏宝楼，其高16厘米，长24厘米，厚6厘米。人物生动、神态各异、雕功相当精致。描述的是历史上曾经的"九子夺嫡"故事。

雕件出现九个人物，他们围着一只貔貅，试图争夺。有的摁住脑袋，有的趴在地上用珠宝诱惑，有的对着它窃窃私语，更有的死拽着链子不放……

貔貅又名天禄、辟邪、百解，是中国古代神话传说中的一种神兽，龙头、马身、麟脚，形似狮子，毛色灰白，会飞。相传貔貅是一种凶猛瑞兽，但这种猛兽分有雄性和雌性，雄性名为"貔"，雌性名为"貅"。因此合称为"貔貅"。

传说貔貅是龙王的九太子，它的主食竟然是金银珠宝，自然浑身宝气，跟其他也是吉祥兽的三脚蟾蜍等比起来名头多了，因此深得玉皇大帝与龙王的宠爱，不过，吃多了总会拉肚子，所以有一天可能因为忍不住而随地便溺，惹玉皇大帝生气了，一巴掌打下去，结果打到屁股，屁眼就被封了起来，从此，金银珠宝只能进不能出。

貔貅由来已久，至汉高祖刘邦对貔貅更为重视，把貔貅命名为"帝宝"，纳入皇帝专用之物，专为皇家守护财宝，之后又被历代皇帝当作驱邪聚财的神兽加一供奉，貔貅一度成了皇室的象征。

龙生九子，汉语成语，意思多用来比喻同胞兄弟的各有所长，出自《玉芝堂谈荟·龙生九子》。古代传说，比喻同胞兄弟品质、爱好各不相同。龙生九子是指龙生九个儿子，九个儿子都不成龙，各有不同。所谓"龙生九子"，并非龙恰好生九子。中国传统文化中，以九来表示极多，有至高无上地位，九是个虚数，也是贵数，所以用来描述龙子。龙有九子这个说法由来已久，但是究竟是哪九种动物一直没有说法，直到明朝才出现了各种说法。明代一些学人笔记，如陆容的《菽园杂记》、李东阳的《怀麓堂集》、杨慎的《升庵集》、李诩的《戒庵老人漫笔》、徐应秋的《玉芝堂谈芸》等，对诸位龙子的情况均有记载，但不统一。

九子夺嫡，是指清朝康熙皇帝的儿子们争夺皇位的历史事实。当时康熙皇帝有24个儿子，其中有9个参与了皇位的争夺。最终由四阿哥胤禛胜出，在康熙帝去世后继承皇位，成为雍正帝。这个史实一方面说明康熙的儿子都很牛，因此晚年时发生了九子夺嫡局面，成为皇帝生涯的一大败笔；另一方面，皇四子即后来的雍正皇帝，处事圆滑，两面派的作派，哪个都不得罪，竭尽察言观色之能，孝忠君父，吃斋念佛，标榜忠心，暗地里结交人才，最终夺得大权，在位13年，为中国历史上最为勤政的皇帝。

寿山石雕·湖上人家

　　作者徐顺龙创作的"寿山石雕·湖上人家"是一件反映烟波浩渺、钟灵毓秀、风光旖旎，具有江南特色风土人情的作品，它素有"日出斗金"的美名，岛上渔民以湖为家，结船而居像村落一样，故称"湖上人家"。

　　"湖上人家"是一种独特的水上渔村，遍布京杭运河沿岸的湖泊，正所谓"大船无脚走天涯，风里浪里度年华"。"连家船"既是生产的场所，也是居住的地方。一般而言，大船长二三丈，小船则不足七尺，但它们都可以装载渔具、生活用品及渔民家庭。

　　徐顺龙经过深思熟虑，以高超的技艺，以刀代笔，精心雕刻，生动地描绘了一幅"湖上人家"的美景：从左侧傍岸石阶、凉亭、柴火间、错落有致的民居、傍岸水桥头，中间俏石雕了一棵大树，紧挨着石板桥、湖中间正有一渔夫划船，另一位坐在船头，右侧傍岸民居、水桥头、一棵大树、鳞次栉比的民居（大户人家院子还用栅栏围着）、傍岸水桥头上还蹲着一位妇人正在洗衣服、停泊的小船、傍岸茅草亭、最右侧有低栅栏围着的家禽笼舍。作者细腻、着力地刻画了江南水乡的实景，将湖上人家的生活起居和风土人情，表现得淋漓尽致、游刃有余。

　　水乡民居的历史，可追溯到遥远的七千年前的河姆渡文化。先民们在这片土地上生息繁衍，传承着一切居住、生活方式。商代，它已形成初具规模的民居聚落。汉代起，这里开始出现官吏居住，到魏晋南北朝时期北方的战乱大批人向南迁徙。唐代，已形成了相当规模的官宅，在宋代绘画《千里江山图》《平江图》中，对江南民居的建筑布局已有具体生动的描绘。因人口众多，土地珍贵，江南的建筑极节省空间，而在层高上下工夫。

　　南方气候的炎热潮湿特点对建筑的影响。如：居室墙壁高，开间大；前后门贯通，便于通风换气；为便于防潮，建二层楼房多，底层是砖结构，上

层是木结构。南方地形复杂，住宅院落很小，四周房屋连成一体，适合于南方的气候条件，房屋组合比较灵活，适于起伏不平的地形。房屋的山墙多是形似马头的墙，在古代人口密集的南方一些城市，这种高出屋顶的山墙，确实能起到防火的作用，同时也起到了一种很好的装饰效果。南方一年四季花红柳绿，环境颜色丰富多彩，民居建筑外墙多用白色，利于反射阳光，南方建筑粉墙黛瓦，房子的颜色素雅一些，特别是夏季给人以清爽宜人的感觉。

　　南方水资源较为丰富，小河从门前屋后轻轻流过，取水非常方便，直接用来饮用、洗涤。水又是中国南方民居特有的景致，水围绕着民居，民居因水有了灵气。水路又是运输的主动脉，人们走南闯北，漂洋过海开创新天地，建立新家园。因河成街，呈现一派古朴、明洁的幽静，是江南典型的"小桥、流水、人家"，全镇桥街相连，依河筑屋，绿影婆娑，返朴归真的游人会情不自禁地吟诵：吴树依依吴水流，吴中舟楫好夷游。古镇区内河道呈井字形，民居依河筑屋，依水成街，所以欣赏这件作品，能从中得到一种充满艺术美的享受。

松花石·漓江渔歌

　　2012年夏，在上海西区边缘一次石展上，有幸觅到了一方呈墨绿色的山形完美的松花石，石长43厘米，宽13厘米，高20厘米。这方色泽青翠，呈叠层卧长形，层峦叠翠、怪石嵯峨、奇峰峻峭、气势雄浑的松花石，酷似桂林漓江的山景，我特意选用了三只上海石刻渔舟摆件，组成了一件"漓江渔歌"的小品。

　　漓江又名桂水、桂江、癸水、东江，流经广西壮族自治区桂林市，以流域孕育的独特绝世而又秀甲天下的自然景观桂林山水，"江作青罗带，山如碧玉簪"。其风景秀丽，山清水秀，洞奇石美，桂林漓江风景区是世界自然遗产地，国家重点风景名胜区，也是世界上规模最大、风景最美的岩溶山水游览区，是驰名中外的风景名胜。漓江的特点概括为清、奇、巧、变四个字，独秀峰、伏波山、叠彩山，是桂林山水的精华所在。

　　松花石以完美的姿态，诠释和表现了桂林漓江的美丽山景，而石刻摆件则表现的是在一艘小舟上，一位戴着毡帽，披着蓑衣，手持长竿的老渔夫正赶着三只鸬鹚在江中忙着捕鱼，这是当地传统的捕鱼方式。其后紧跟着两艘船，其实是观光旅游船，他们是乘舟泛游漓江，观赏奇峰倒影、碧水青山、风光旖旎的美景，倾听牧童悠歌、遥观渔翁捕鱼、古朴的田园人家、呼吸青山碧水中的清新的空气。

　　这方"漓江渔歌"小品组合，浓缩展现了，漓江像一条青绸绿带，盘绕在万点峰峦之间，奇峰夹岸，碧水萦回，削壁垂河，青山浮水，犹如一幅百里画卷，仿佛让我们悄悄地过了把旅游的瘾，甚至还似乎感到意犹未尽，一切都那么富有诗情画意！

天然玛瑙玉坠·蝙蝠

　　玉坠，是可垂挂在服饰上，也可作为单体佩戴的玉饰。玉坠的体积较小，雕琢精美，小巧可爱。唐代诗人元稹曾有诗云："金埋无土色，玉坠无瓦声。"

玉坠的造型多利用体积较小的子玉圆雕而成，其形式简练集中、琢工简洁明快、风格简约粗犷。

　　这件天然玛瑙原石为我在职期间一次出差，偶得的一方奇石，也是一种玉。它长7厘米，高6厘米，厚3厘米。其实它是一件正宗的象形石，酷似头朝上的蝙蝠，双翅正展开，椭圆的身体，有头有脸还有双眼，左右两张翅膀，玉质相当纯真，按照正规说明，玛瑙是指有纹带构造的玉髓，是一种胶状矿物，主要成分为二氧化硅。透明至半透明，玻璃光泽。玛瑙质纯者皆应为白色，因含有有色离子或其他杂质，才会出现灰、红、蓝等色。玛瑙市场上常做成手镯，也做一些小挂件和摆件。玛瑙主要产出巴西，我国玛瑙主要产地在辽宁和内蒙古。古代印度人见玛瑙颜色很像马的脑子，以为是由马脑变成的石头，梵语称它为"马脑"。我国汉代前称玛瑙为"赤琼"、"赤玉"佛经传中国后，巧妙地译成"玛瑙"。

在华夏的文化里，蝙蝠绝对是"福"的象征，这在许多留存古老的建筑，以及砖刻，石刻中几乎处处可以见到，不用多说。文人巧匠将它作为作品创作的主题是屡见不鲜，到处可见的。

古往今来，佩戴玉坠是人类的风俗习惯，也是装饰美的重要形式。在中国如此，在世界也是如此。它不仅使人类装饰面目一新，楚楚动人，同时对人体健康大有裨益。人们常说的"耳聪目明"与耳坠是相连的，人的耳朵有毛细血管与视觉神经相通，经常活动耳垂能使眼睛明亮有神，同时保持耳膜的良好听觉。约三万年前，山顶洞人狩猎后，把野兽的牙齿挂在胸口上，显示自己的勇敢无畏，祈求神灵的保佑。正是这种图腾的崇拜行为，经历了漫长岁月的陶冶，挂在胸前的兽牙演绎成了后人的美丽装饰。

从原始到文明，从粗糙到精细，从骨质材料到黄金白银，再到珠宝玉石，体现了玉坠适用和审美的双重价值。玉坠是唐宋元时期非常流行的佩戴玉饰，同时开创了装饰品的新风格。从宋代至明代，玉坠多以人物、动物、瓜果等实物为题材；清代开始，玉坠以翡翠坠饰为主，雕刻的题材也非常广泛。

玉坠发展到今天，无论材质、图案、做工、理念都已美轮美奂，变化多端。当今的俊男靓女佩戴一件得体的玉坠，好似锦上添花，美中有美。但这件玉坠却是一件巧夺天工、天然的"蝙蝠"玛瑙玉坠。

微雕迷你双耳活环龙头带盖香炉

焚香被赋予了很多超出实用范畴的仪式意义，在初期的时候它就被人们神圣化了，是"香道"必备的器具，也是中国古代民俗、宗教、祭祀活动中必不可少的供具。迷你双耳活环龙头带盖香炉，高2厘米，胸径2.7厘米；5脚花几，高2.1厘米，胸径3厘米。均由沪上石刻高手徐顺龙，采用老挝石精雕而制

瑞兽就是吉祥的神兽，是古代中国劳动人民想平安幸福的朴素愿望，和图腾的崇拜，是人类历史上最早的一种文化现象。传说中的瑞兽为虎、龙、凤、麒麟、龟五种。其中佛教中龙是天龙护法，是保护佛教的一种护法神的存在，所以香炉中一般会有龙的雕刻与装饰。

明代双龙耳三足玉香炉，炉为素面，无纹路，炉腹圆鼓，釉层肥厚，有两个带活环的龙耳和三足。香炉工艺细腻，雕刻精湛，包浆自然，线条优美，轻轻擦拭，便泛出光泽

更多的是古代文人雅士喜欢在读书、写字的书房内放置香炉。焚上一炷香，营造"红袖添香夜读书"的意境，并且有益于诵读、理解及记忆。中国香炉文化的历史可以追溯到商周时代的"鼎"。汉代以前也出现陶、瓷、铜、铁、瓦为材料制成的香炉，明代年间是香炉制作的巅峰阶段。而唐代大诗人李白的《望庐山瀑布》千古名诗中的"日照香炉生紫烟"，展示了盛唐时人们对香炉的偏爱。从文化艺术魅力来看，明代香炉代表了明代时期的艺术精神，它独特的文化特色使香炉成为当时代表新文化的典型器物，所以具有很高的艺术和收藏价值。

一般香炉分为两种，专门用于祭祀时烧香之用的那种香炉一般都没有盖。而用于熏香的香炉都多是有盖子的。烧香时让香烟在炉内有一个迴转的过程，有利于烟气的净化，也有利于健康。而对于现在人的熏香，则没有那么多讲究，所以有很多无盖的香炉，也就见怪不怪了。

香炉有带耳和不带耳。带耳香炉功能性好，美观大方，方便省事。不带耳的功能性单一，实用性不大。带耳的香炉祭祀的时候看上威武，象征着上香时炉旁有个持卫者保护着，别侵犯了它。香炉耳朵根据器型不一样，耳朵样式也会不一样。

海派收藏、藏龙卧虎，人才辈出，徐顺龙便是一位自学成才在微雕石刻器皿颇见功底的一位高手。他凭借自己的技能又为这件平底香炉，精制了一个五脚花几，承托这件香炉，让人观后，无不为之啧啧称赞。

微雕迷你双耳活环带盖香炉

香炉带耳，一般来说，功能性好，美观大方；不带耳的，功能性单一，方便省事，实用性不大。带耳的香炉祭祀的时候看上威武，象征着上香时炉旁有个持卫者保护着，别侵犯了它。香炉耳朵根据器型不一样，耳朵样式也会不一样。随着人们审美眼光的提高，大小香炉装上双耳无疑会更加美观大方。因而，后世不断发展并生产各式美观的香炉耳。

香炉的足形则受青铜器的影响较大，几乎所有类型都可以。香炉是焚香的器具，用陶瓷或金属作成种种形式。香炉有两种，一种是带盖的，一种则是不带盖的。香炉的主要用途是点香、插香和熏香的作用。这就要取决于需求。在烧香的时候如果有炉盖，是可以让香烟在炉内有一个回旋的过程，这个过程是香气进一步的融汇，香烟中的烟尘回落或者吸附于炉壁，这样也就不会使得香烟过度地飘散在空中，是有利于烟气的净化，也有利于人们的呼吸。

另外摆放在室内可以避免熏黑了屋内，也不会飘散到地上，引起脏乱。如果是摆放在室外的话，可以避免雨水风吹日晒，有一定的抵挡作用。从造型上看，带盖香炉要比不带盖的来得美观大气。

对于石雕香炉的选择，其实不管是带盖的还是不带盖的，都有着它的用处，每个寺庙都会根据庙方的需求，来决定选择合适的香炉款式，在用途上和价格上去做选择。

上海自学成才石刻高手——徐成龙，精心雕刻的迷你双活环耳带盖香炉尺寸：胸径3厘米，高3.5厘米；下设一件精雕的五脚花几，高2.1厘米，胸径3厘米。此两者均取材老挝石精雕而成，石质细腻，油脂光泽，结构致密，入手温润顺滑，可谓石雕上乘作品。炉体形制端庄，庄重大气，炉内挖膛工整，雕刻精细，纹饰古朴；花几款式新颖落地稳健。整器一体掏挖雕就，雅致稳重，工艺精美，摆放案头，文雅气息顿增，不失为文房陈设之上品。

平底香炉和三脚香炉各有什么含义？香炉在烧香时底部会发热，如果是平底的就会有安全方面的问题，而带腿的香炉在烧香过程中就成功避免了这个安全方面的问题，所以朋友可以在选择香炉的时候，一定要去选择带腿的香炉，带腿的香炉看上去比平底的香炉更美观。

乌蒙磬石珍贵红石

知名"三头"（纸、木、石）收藏家、上海观赏石协会副会长柳国兴，有幸觅得一方乌蒙山地貌特征的山形石——乌蒙磬石。乌蒙磬石属碳酸钙质石灰岩石，饱经大自然的岁月洗礼，长期风化水蚀、浸染，形成了形态迥异、气势雄伟、色泽灰白、叩之若磬等特点的乌蒙主流石种。

该石长70厘米，宽32厘米，高25厘米，整体呈"L"形，连绵起伏的山峦，山势雄峻、秀美、沟壑纵横，勾勒出一幅"磅礴厚重的乌蒙山亘古不变，巍然矗立滇东北土地始终"延绵起伏的草地、平缓低矮的山丘，阳光下碧野万顷，牛羊成群，一望无垠颇为壮阔。左侧尖角顶峰是乌蒙山云南段牤牛寨最高峰，海拔四千多米；左下方平地，酷似毕节市赫章、威宁县交界处的乌蒙山韭菜坪。蜿蜒起伏的绿草坡，洒开一片片缤纷多彩的洁白羊群、金黄菜花，红杜鹃……天然就是一幅油画。也是巫木屯、夜狼石林和彝族文化景区。因这里生长着成片的野生韭菜，故名"韭菜坪"；右侧则是连绵起伏的乌蒙山，气势磅礴，陡峭雄奇，大有"举头白云红日低，四海五湖皆一望"之气概。素被誉为"贵州屋脊"之称。

蓝天白云下，放眼四周，乌蒙山的石灰岩上，还可见到亿万年前的泥盆纪海生动物化石。它是地质、科考、旅游理想之地。山中有兀鹰长唳，峡谷里，突现湖泊，像一面面明镜，映照着蓝天白云。毛泽东"乌蒙磅礴走泥丸"的诗词就是对乌蒙山的生动写照。

举世闻名的红军二万五千里长征，经过了乌蒙山区，毛主席在《七律·长征》诗中写下"乌蒙磅礴走泥丸"的光辉诗句。长征红军沿途留下了光辉的史迹。这首七律是作于红军战士越过岷山后，长征即将胜利结束前的途中。作为红军的领导人，毛泽东在经受了无数次考验后，如今，曙光在前，胜利在望，他心潮澎湃，满怀豪情地写下了这首壮丽的诗篇。"红军不怕远征难，万水千山只等闲。"首联开门见山赞美了红军不怕困难，勇敢顽强的革命精神，这是全篇的中心思想，也是全诗的艺术基调。

毛泽东诗词是内心情感深沉丰富的自然流露，关切劳苦大众的天下情，依恋故园家乡的乡国情。当年毛主席指挥红军四渡赤水，迂回转战云贵川边与敌周旋，长途奔袭，巧渡金沙，挥师北上，"乌蒙磅礴走泥丸"，辗转于乌山赤水之间，面对着红色遗址，不禁心潮澎湃，思绪万千。在这崇山峻岭中，在这红色的大地上，谱写了一首壮丽的红歌。

乌蒙磬石完美地浓缩了气势宏大的山脉，生动地展现了乌蒙山的地貌特征和形象，真是一方难得的景观石和富有含义的红石。它既含瘦、皱、漏、透、丑的传统审美，也具形、质、色、纹、韵的现代理念。外观古朴嶙峋，内在质坚声脆。但它起步较晚，始于20世纪80年代，最初发现贵州西部乌蒙山区因此得名，石市上稀见。可喜的是2023年10月21日开幕的"上海沪太赏石文化博览会"上，这方珍贵的奇石将登场亮相，广大石迷可一睹其尊容。

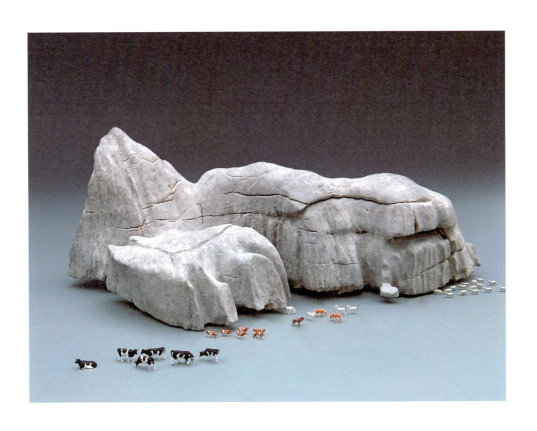

洞庭湖捕鱼

　　洞庭湖，中国第二大淡水湖，在烟波浩渺、秀色连天的八百里洞庭湖中有座万木葱茏、仙气缭绕的美丽君山岛，形似一只乌龟，所以当地人又称金龟山。这里南高北低，群峰起伏，山林葱茏，仙气缭绕，洞庭湖真是物华天宝，山水之间，一片生机勃勃。

一方湖南武陵乌龟象形石和划舟捕鱼上海石刻摆件组合成"湖中捕鱼"的小品摆件。武陵石长41厘米，宽7厘米，高10厘米，整体酷似一只横卧在湖中的小乌龟。石刻摆件长14厘米，宽5.5厘米，高7.5厘米。一只带敞篷、架着大渔网的木舟，一位渔夫手持着一杆小鱼网的捕鱼人正在伺机捕鱼，熟悉鱼的习性，一般靠近岸边、石礁旁，游人或过路的人相当多，于是鱼饵和食料相对多，也就是觅食的机会多，于是集中到这里，有经验的渔夫往往出现在那里。

生活在洞庭湖的人们，长期以来以捕鱼为生，捕鱼方法不同，经过实践也创造了不少捕鱼方式。中国捕鱼的历史也源远流长，开始是手摸、木棍、石头打，或将河滨的水排干来捕捉，这就叫"竭泽而渔"。到了传说中的伏羲氏时代，人们已开始用网来捕鱼了，《易经·系辞下》中就有伏羲氏"结绳而为网罟，以佃以渔"的记载。进入商代，主要是用渔网和鱼钩捕鱼。到了西周，捕鱼方法有了改进，《诗经》中就记载了很多新的捕鱼工具和捕鱼方法，如"欣"，捕大鱼的网、"九置"，捕小鱼的网、"汕"，撩网、"罩"，鱼笼、"笱"，能入不能出的捕鱼工具、"潜"人工鱼礁。这种方式有点像守株待兔，张开一张面积达到三四十平方的网，沉入河底，一段时间后，利用杠杆原理，把四根竹竿中间的绳索拉上来，就能把刚好游过这张网上面的鱼兜在里面。过去韩江无污染的年代，扳罾主要能捕到高经济价值的银鱼，晒干出口。以舟用网捕鱼方式是洞庭湖畔的渔民方法之一，但是随着区域生产和经济的发展，先进、科学的捕鱼方式得到运用，人们的意识也随之提高。

如今随着长江改革开放的续推进，人们生态保护意识得到增强，"绿水青山就是金山银山"的理念深入人心，生态优先、绿色发展成为一种自觉。不光是渔民退捕，岸上的农民早就试水生态种植养殖，减少农药化肥使用，最大限度降低污染排放，使洞庭湖畔的人民生活日益得到改善。

小品风凌石·李逵下山

　　风凌石是中国大西北，最具特色的典型奇石。此方来自内蒙古阿拉善戈壁裸露出地面的风凌石，经亿万年日复一日的风沙打磨似玉，石体十分光滑，光泽如镜一般，显示了其非凡卓越的艺术效果、魅力，无疑是一方正宗的"玉化风凌石"，具有极佳的收藏和观赏价值。

　　浑然天成、单体独块的金黄色内蒙古玉风凌石，长21厘米，宽11厘米，高12厘米。石体不大，但结构玲珑奇巧，姿态万千，令人遐想。它展示了一

幅"祥云玉带绕金顶，悬崖峭壁突兀迎；崎岖山麓磊磊阶，嶙峋错落鬼神惊"的场景，在落日余晖的映照下，悬崖高耸、祥云缭绕，一幅大漠孤烟直，长河落日圆的美景跃入眼帘。在这荒山野岭中，梁山好汉铁牛李逵因思母心切，在骄阳下急匆匆赶路的场景，生动描述了《水浒》中"李逵下山"的一个精彩章节。

李逵是梁山一百零八将之一，祖籍沂州沂水人；肤色黝黑，性格暴烈，心粗胆大，绰号"黑旋风"。惯使一双板斧，梁山排座次时，位列第二十二位，是梁山第五位步军头领。因打死了人，被逼上了梁山，多年没回家。近来，见到山上一班弟兄，有的接了父亲上山，有的回家望娘。他也思娘心切，向宋江提出要将娘接上山来。宋江觉得他性暴躁，易出事，前不久在江州又闯下了祸，官府正在追捕，不许他去，可是李逵挚意非去不可。宋江无奈，只好答应了。但同时向他提出三条件：一、路上不准吃酒；二、接了娘就回来；三、平常用的两把板斧不许带去。李逵一一都依了。

于是当日下午，李逵挂了一口腰刀，提了一口朴刀，带了一锭大银和一些散碎银子，别了寨上兄弟，独自一人下山去了；一路上他确实依照临走时宋江的吩咐，不吃酒，不惹事。没有几天，便来到沂水县城……

小品"风凌石·李逵下山"，构思巧妙、布局合理、色彩艳丽，意境深邃，极具观赏性，观后让人产生联想，它不愧是赏石界多年未遇的一件极品佳作。

宣石·落基山麋鹿

2021年在松江云间粮仓举办的"上海赏石盆景文化博览会"上，我欣喜地觅到了这方宣石。

这方颜色呈黑白相间，略带锈黄色经切底的宣石，整体呈"S"字形，蜿蜒随形。它长40厘米（连座），宽16厘米，高13.5厘米。整座山形，秀气绮丽，身姿娇媚，造型极致。因产于安徽宣城的宁国市而得名，又称"宁国宣石"。其石质坚硬、性脆，硬度约摩氏6~7度；颜色有白、黄、灰黑等，稍带锈黄色；石表多现结晶状，略有光泽，棱角明显，有沟纹、皱纹、细腻多变；体态古朴，多见山形，间以色白为主，貌如积雪覆于石表。地质学上称石英岩，内含大量白色晶质石英，色与雪花相近，具有雪的质感：迎光，晶莹发亮；背光，则皑皑露白似蒙残雪，有种寒风凛冽，积雪未消的感觉。

这方宛如雪山绵绵长长，仿佛还流溢着袅袅颤音的宣石，让我联想到逶迤壮观、绵延起伏的北美落基山，它自北向南，有数千公里之长，常年积雪、白雪皑皑，广袤而缺乏植被，被称为横亘北美"脊梁"世界最大的冰原遗迹。冰川，造就了雪域晶莹的冰林秘境。常年不化的积雪与崖畔悬挂的冰川千姿百态，在阳光照射下给人一种雄浑巍峨，冷峻圣洁的美感。

宣石是最适宜表现雪景的奇石、也是做盆景的最佳配石。当之无愧地成为中国园林中最为理想的假山材料。这方宣石酷似落基山的缩影和写照。

落基山动物种类繁多，常年寒冷的山脉里，常见的动物是鹿类，如麋鹿、北美驯鹿、骡鹿和弗吉尼亚鹿，随季节变异，在高山草地和亚高山森林之间，常现它们迁徙身影。或出没于北部湖泊，或现身溪流、沼泽地……它们以柳叶和水生植物为生。因而成为落基山脉的山脊线、森林、山谷、冰河、湖泊、冻原的精灵和常客。

喜欢收藏的我，产生了创作的灵感。于是"翻箱底"找到相衬的动物：

精选了著名的德国Preiser公司生产的1∶87微塑麋鹿模型，长约3厘米，高2厘米，宽0.6厘米等规格尺寸，模型精致逼真、形态各异、栩栩如生的赭色麋鹿成为最佳拍档，配上这靓丽的宣石，组成了一件完美的小品。

麋鹿是寓意吉祥的动物。史料记载，从春秋战国至清朝，古人对麋鹿的记述不绝于书。它不仅是先人狩猎的对象，也是宗教仪式中的重要祭物。《孟子》中记述，"孟子见梁惠王，王立于沼上，顾鸿雁麋鹿曰：'贤者亦乐此乎'"，这证明在周朝，皇家的园囿中已有驯养的麋鹿；因它奔跑、遨游迅速，而且还善于爬冰卧雪，成为生命力旺盛的标志；自古以来一直带有神秘和福禄的意思，人们热衷于制作关于麋鹿的艺术品。古代，一些富人家会用麋鹿的素描线条作为房屋瓦当图案，以期盼能够永远安宁、兴旺和吉祥；中世纪许多欧美家庭以鹿头来装饰家里，代表着主人的勇敢和强大；鹿又被称为财鹿，无论是东方还是西方都有着很好的寓意。它代表了富贵、祥和，象征祈福美好的未来。它还是地位权利的象征，不少人都喜欢在家里客厅摆放麋鹿，不仅是对光明前途的憧憬，同时也是身份的象征。

这方宣石，体量不大，但美观大方，造型别致，拔地而起的巍峨雪山插入湛蓝天空，雄伟壮观，雪色莹蓝，冰川透明，皑皑的白雪，坡状的山路，厚厚的冰雪，陡峭的山崖，银雕玉塑般的千年冰峰，仿佛刺破蓝天，气度非凡。山间，一条条银丝带飞驰而下，给山披上了雪白的婚纱，让沉寂的山谷显得生机勃勃，美得让人屏息。放眼看去，与栩栩如生的麋鹿融合一起，真是相辅相成、相因相生、相映成趣，真是一件难得的物景相称、动静相宜的雪山美景立体画面。

一幅安详静谧，典雅的鹿群肥壮和巍峨白雪皑皑的山景画面呈现在我们面前，不禁让我想起古代诗人陆游《闲居自述》诗中一句"花如解笑还多事，石不能言最可人"的名句。

宣石 · 雪场竞技

　　宣石，又称"雪石"、"宣城石"，产于皖南宣城、宁国一带山区。它是一种石英岩，以白色为主，古称"雪石"。出土带铁锈色，清洗后呈白色，棱角分明，晶体粗硕，常泛光泽，硬度达6度以上。石以白如雪为贵，偶见黄色、黑色。品种有灯草宣、水墨宣等。白色是宣石特色，纯净细腻，似玉非玉，是具有悠久历史，韵味十足的观赏石。

　　该石长46厘米，宽18厘米，高10厘米（经切底），呈坡状的山形，色泽以白为主，并带有黑和铁锈色，山子边缘处有马牙。整体酷似一个天然的滑雪场。我特意配上来自德国的Faller微塑滑雪人物模型，多种栩栩如生的滑雪姿态的人物，组成了一幅生动而靓丽的滑雪比赛场景。

　　宣石自明代起就有开发，江浙富豪，喜欢将之修建园林，或赏玩盆景。

明代造园专家计成，情有独钟，在著作《园冶》第九章《选石》中，记载相当详尽；扬州、苏州一带，虽没崇山峻岭，附庸风雅的富豪却钟情于山林，于是叠石成山，时时观赏。扬州个园园主黄至筠，在园中设计了四季假山，其中冬山全部用宣石叠成，从"透风漏月轩"临窗望出去，院内假山一色皆白，犹如积雪未消。古人以宣石打造园林事例不胜枚举，《红楼梦》中的大观园中也可以看到它们的身影。甚至北京故宫的御花园中也多有宣石的点缀。宣石可制作假山也可以制作成盆景，有的精巧宣石独立成景可置于案头成为文人的最爱。"古、雅、高、洁"的宣石，历史上曾经有过辉煌，早已成为"小众"赏石高端的代表。

这方几乎被雪覆盖的奇石酷似滑雪场，尽管坡度不够惊险、陡峭，但它是良好的滑雪场地，它能让人体验雪上飞滑的惊心动魄，还可感受、欣赏北国风光山舞银蛇的美景，还能让家人、好友共享堆雪人、打雪仗的雪趣嬉戏。一片冰天雪地中，一个穿红色外套的少年，脚踏长长的滑雪板，手拿滑雪杖，身子一屈一伸，手脚配合和谐，像一团火焰，滚动着，燃烧着，浑身充满着青春活力，有一种说不出的美。一个蓝衣孩子胆子更大，靠拖牵索上到半山腰上往下滑，那矫健的身影，在滑雪道上做着大迂回动作，由远及近飞一样地从眼前掠过；更多的是初学爱好者，亦步亦趋，在驾驭自己的身躯从高处冲下来的时候，时间好像凝固，耳边呼呼风声起，大脑里一片空白，两只雪杖好似身体内长出的两翼，滑翔、飞翔……滑雪场坐落于群山环抱、树木掩映，地理优越，是滑雪发烧友的天堂，是滑雪比赛的福地。蹬上滑雪板，心潮澎湃，有一种冲动，恨不得立即就飞到山上，驰骋在雪场，释放出难以形容无法享受的激情。

滑雪运动起源并发展于斯堪的纳维亚国家。国际滑雪联合会成立于1924年。

随着国内人民生活水平的提高，以及本身所具有的刺激性和强身健体的需要，滑雪运动近几年褪去"贵族运动"的外衣，成为一项深受广大民众喜爱的运动。

"横看成岭侧成峰，远近高低各不同"的诗意正好形容宣石的造型之妙，小品"宣石·雪场竞技"为我们呈现了一幅"满江碧雪，百舸争流"生动的立体画面。

一方别致的千层石

　　多年前在沪太路奇石市场觅得了一方呈阶梯形别致的千层石。千层石，也称积层岩，属于海相沉积的结晶白云岩，石质坚硬致密，外表有很薄的风化层；石上纹理清晰，多呈凹凸、平直状，具有一定的韵律，线条流畅，时有波折、起伏；颜色呈灰黑、灰白、灰、棕相间，其棕色稍显突，色泽与纹理比较协调，显得自然、光洁；造型奇特，变化多端，多有山形、台洞形等自然景观，亦有宝塔形、立柱形及人物、动物等形象，既有具象又有抽象，神韵秀丽静美、淡雅端庄。

　　该石呈山形，阶梯状，石体为灰白色，非常完整。它长30厘米，高18厘米，宽13厘米。此外，我特意还为它配置了一些房舍、亭、塔等小摆件，整座山立马呈现了一幅富有生气的生活画面。

　　千层石主要产于河北省遵化市沙石峪村，其千层石形成于距今12~13亿年前，当时的砂岩、硅质岩、白云岩和铁、锰等物质海相沉积后，经地质构造运动，沧桑变迁，而成为如今的千层石；安徽灵璧县璧石产地也有千层石，有土黄色的，土红色的，也有白色千层石，质地优良，层次鲜明深刻，像一层一层叠上去的层书一样，是千层石中的精品，此乃大自然的鬼斧神工；还有产于浙江省衢州市常山县、江山市等地。该石多呈方形，有深灰、褐、土黄等色；表面横向层状纹理层层叠叠，似流云般飘逸；体量小至几十厘米，大至几米，单块重量可达1吨左右；其质地极为坚硬，以硬物敲击石体突出部位可发出金属般的声音；造型姿态或雄伟厚实、或细腻生动、或婉转玲珑，极具欣赏价值。是园林景观、堆叠假山瀑布之佳材。

　　体型完美，优秀的千层石，艺术家还会在奇石上刻字、题名，甚至题词或书写毛主席诗词等文字。它曾经作为"国礼"漂洋过海，被80多个国家和地区的首脑、贵宾收藏。更被国内诸多界别名流追捧，具有深厚的"国礼石"文化底蕴。赠送奇石，具有一定的历史、纪念和收藏价值。

钟乳石小盆景

　　多年前在江阴路，从一位广西人觅得的钟乳石，石头体量很小，稍大的
一块，长10厘米，高8.5厘米，厚7厘米；小的一块，长7.5厘米，高6.3厘
米，厚4.5厘米。但造型都比较别致，酷似两座小山峰。钟乳石又称石钟乳，
是指碳酸盐岩地区洞穴内在漫长地质历史中和特定地质条件下形成的石钟乳、
石笋、石柱等不同形态碳酸钙淀积物的总称。在石灰岩中，含有二氧化碳的
水，渗入石灰岩隙缝中，与碳酸钙反应生成可溶于水的碳酸氢钙，溶有碳酸
氢钙的水从洞顶上滴下来时，分解反应生成碳酸钙、二氧化碳、水。被溶解

的碳酸氢钙又变成固体（称为固化）。由上而下逐渐增长而成的，称为"钟乳石"。广西、云南是我国钟乳石资源最丰富的主要省区，所产的钟乳石光泽剔透、形状奇特，具有很高的欣赏和收藏价值，深受人们喜爱。

我找到一只椭圆形的汉白玉精致小盆底，按照传统山水盆景高低搭配、主次分明的布局原则，将一座稍大的钟乳石置于左侧，小的一块稍向后置于右侧，然后根据需要，分别放上一件上海石刻小船、茅草亭和小石屋，一组漂亮的山石盆景完成了。

在中国古代，以钟乳石制作假山盆景就已经产生了，这是一种是比较受欢迎的假山盆景石，钟乳石是岩溶地质的一种，多为白色、棕色、黑色、灰色等颜色。其特点是在洞穴中自然形成的钟乳石，具有各种形状，可以大致分为立柱状、帘状、卤状和碗状。钟乳石假山盆景利用了这种自然的形态和美感，加上一个适当的盆和苔藓、小草、石头等装饰材料，打造出一种独特的假山，它具有非常强烈的装饰性和观赏性。

钟乳石假山的制作比较简单，关键在于选材，制作后的成品非常精美、美观而且易于保养。钟乳石假山盆景除了具有装饰性和观赏性外，还可以传递人的情感价值和祥和感。如果会种植植物，那是锦上添花，在日常养护中，只要注意日常的光照、定时养护以及适量的施肥，就可以轻松养活它们，一直呈现出它们的美丽模样！

賞心閱木

俏雕斑竹·鱼乐图

因斑竹的生长特性竹面较小，在工艺品中创作成画面的少见，常见的只是在扇骨上用之。而罗安钢偏偏就大胆利用斑竹创作了这件臂搁俏雕《鱼乐图》。

俏雕《鱼乐图》高7.5厘米，长26厘米，厚3厘米。作者将自然形成的褐色斑点视作天然的荷叶、浮萍，下面游弋着七条大小不等的小鱼。鱼在中国传统艺术中具有深厚的象征意义和文化内涵。其造型"最早出现在六千年前的半坡仰韶文化的彩陶上"，有抽象的鱼纹图案，明清时常以组合图案的形式出现，它是利用谐音的表达手法赋予画面一种吉祥喜庆的寓意。此种艺术表达手法，主要是受传统文化中文字谐音修辞的影响，因"鱼"与"余"谐音，寓意吉祥、富裕的"有余图"。民间的鱼乐图，极具烟火气，作者刀下灵动的

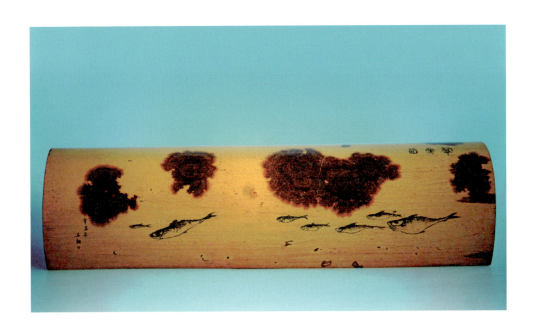

鱼，表达的是吉祥的美好愿望：七条鱼，寓意诸事大顺，颇具中国传统文化特征，在长满植物的水中，鱼儿们自由自在地漫游、散聚、沉浮和穿梭，表现了自由自在的精神；同时，不分大鱼、小鱼，不论此类、彼类，大家和谐相处同一家园，同心相向而行，也体现了中国传统文人独有的大同理想。

斑竹，又名湘妃竹，散生型竹子，秆高直，挺拔，径大，质硬，竹面上有褐色斑点，传说是尧帝的两个女儿思夫的眼泪洒在上面而形成的，故名"斑竹"。其特点是水不易侵蚀它，轻便，拉力强。多用此竹篾编制而成。因为种植量不大。而且产品稀少相当珍贵，属于稀缺品种，产量过低，常见的湘妃竹用于扇骨上，而红湘妃竹的花色突出，红色、紫色的花里套着一圈一圈的印。像大拇指肚的罗纹，有的像红柿子，有的像一串紫葡萄，还有的像荷叶等，加黄蜡色的竹面子更衬托出花色的鲜亮。每根竹的色泽形状都不一样，再从中选出精品，那就更难更少了，中国审美又偏爱红色。

综合这些因素，明清时期湘妃竹就有一寸湘妃一寸金的说法。这样难得的材料，做什么制式、头型，大边上面能留几朵花，都非常讲究，工艺高超，终才能成为上品。如果空有好材质而没有好的技艺，扇子的价值可就会大打折扣。通常斑竹有梅鹿（亦称梅禄）、凤眼、黑湘妃、红湘妃等因斑形与颜色不同而命名，而历来最吸引藏家眼球的是红湘妃。红湘妃竹是我国的名贵竹品，资源稀少，产于我国南方之湖南、福建一带。红湘妃的斑点是第一次发笋时长出来的，一圈圈紫色的花纹，好像一滴滴珠泪。从生物学的观点来看，红湘妃的花纹是真菌腐蚀幼竹而成的，是特殊地理环境的产物。

俏雕即"俏色"是中国传统工艺的绝活，现已成为各类工艺行业的专用名词。所谓"俏色"就是依照一件原材料中颜色的不同来设计作品，使原料的不同颜色被应用得恰到好处而且非常巧妙，罗安钢这件作品便是一例。他使天然的色斑在雕件中起到了点石成金的作用。多年来他不断总结摸索创作积累，在逐步提高的过程中，阅历、见识、智慧等方面得到丰富。努力提高艺术想象造诣，以及其他创作能力，才能使俏雕创作和传承技艺上更上一层楼。

臂格·荷塘野趣图

　　上海工艺美术大师罗安钢以小写意竹刻手法，细刻《荷塘野趣图》作品。构图疏密交错，意境气势磅礴，描绘了一幅野鸭嬉戏于夏荷间的场景，展现了大自然的万物之融洽。

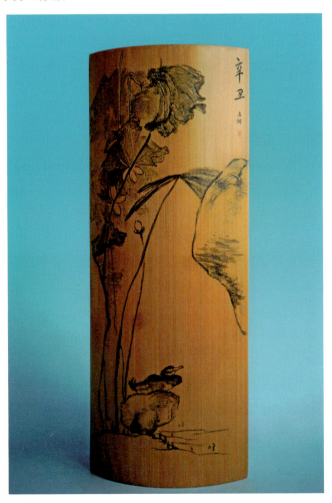

作品高26厘米，宽10.3厘米，厚3厘米。夏日清晨的荷塘，清凉静谧。荷塘中，水草丰肥，碧荷亭亭玉立。荷叶或完全展开，或待展待放。荷花迎朝霞、浴晨露，"出淤泥而不染，濯清涟而不妖"，绽放于片片碧叶之中。右侧前方对岸是一方岩石，左侧一只体格肥硕，毛羽乌光油亮的野鸭，它刚蹼掌轻拨，悠闲在河塘中游弋，刚上岸抖去了一身的水珠，蹲在杆杆荷梗边的一方小石上，缩颈翘首远望，恬静安详的神态中，目光却机警专注，透着一股灵气。

《荷塘野趣图》画的是荷塘一角：花叶都被狂风吹挤在一起，浮萍亦围聚拢来，在一片混沌中，却有水光浮现，空气流动。构图气势磅礴，荷叶如盖，重重堆叠，自然纷披，荷花则在其中若隐若现。花瓣已开始凋零脱落；老叶残花之旁，有新叶蠢起，野草丛生。于是拥挤之中有了疏朗，浓黑之中有了淡荡，混沌之中有了灵气，生命交替之中有了蓬勃的生机。

留白处虽不着一墨，却分明有静水流深之感。整幅图将荷花雍容典雅的君子气度表现得淋漓尽致。荷叶参差呼应，对比中见和谐，大块面色墨的荷叶与织瘦的荷梗穿插交叉，又以尖尖的小荷衬托，对照着盛开的大朵荷花，使画面此起彼落，目不暇给。

罗安钢以刀代笔，描绘了一幅深刻的写意荷塘野趣图，以重墨刻出未展开的荷叶。以"淡墨、赭墨"寥寥数笔刻出水草、芦苇等。以重墨勾画水草，提醒画面。由此作可见，作者对笔、墨、水、色的运用掌控能力极强，在竹刻用刀的操控技能自如。画面异常生动，整体上层次分明，极富节奏感。然而构图疏密有致《荷塘野趣》左边紧密，浓淡相宜，水墨交融，浑然一体。右边则稍见疏落，营造出较为宽阔的空间感，显示了其"苍骨内含，韵味天成"相当的竹刻功力。

臂格《荷塘野趣图》以小写意竹刻手法此作构图泼墨写意，疏密交错，通过荷叶、茨菰、莲蓬、蒲草间的相互掩映构筑出变化丰富的空间层次。用墨浓淡适中、枯润相生。细刻荷塘野趣，莲叶翩翩，菡萏初绽，粉白黛绿，与朦胧水气相浸润，遂觉郁郁勃勃，生气满幅，细刻荷塘野景，花繁叶茂，坪草错杂，水光拍天，有一份自然的野趣，信笔所至，情出意外，画法与造境相映成趣！

沉香木雕·一鹭莲升

沉香木雕"一鹭莲升"，由福建沉香协会副会长、工艺美术师、上海藏协资深藏家郭祖武采用星洲系印尼沉香木、黑紫檀木雕刻创作并收藏。

作品，高36厘米，长12厘米，厚9厘米，重256克。上部分满雕新枝托起的硕大荷叶；中间细雕随风摇曳的莲花，含苞欲放，在微波荡漾的水面上亭亭玉立，婀娜多姿。红花碧叶之中，精雕一只白鹭身披丰满羽翼，缩紧身体，脖子前倾，眼神坚毅，昂头顾盼生情，一种灵气油然而生。白鹭莲塘纹。塘中荷花、水草、浮萍等，寄寓纯洁、富贵之意。景物生动，宛如仙境。繁简得当，随波荡漾，清新自然之气跃然眼帘。鹭谐音"禄"和

"路"，"莲"谐音"连"，鹭鸟、莲花组合，由"一鹭莲升"转喻"一路连升"，寓意学子在科举路上不断取得好成绩，摘得桂冠。一只白鹭在荷花莲叶之中飞升。比喻一个人仕途顺利，一路攀升；底部作者特意采用黑檀木精心制作自然流畅的随形底座，暗喻"污泥"衬托出"荷花出污泥而不染"高洁风范崇高意境。两者有机结合，相得益彰。层次丰富，诗境写意。祥和之象，得文人之妙趣，可见作者用心良苦。此沉香木雕，雕工细腻，构思完美，布局合理、寓意深刻，加上材质的珍稀昂贵使之愈显富丽堂皇。具有极高的艺术欣赏性。

沉香木自古以来就是非常名贵的木料，亦是工艺品中最上乘的原材料。明、清两代，宫廷皇室皆崇尚用此木制成各类文房器物，工艺精细，与犀角制作相同。由于沉香木珍贵且多朽木细干，用之雕刻，少有大材。沉香是沉香木树心部位受到外伤或真红油菌感染刺激后，产生大量分泌树脂帮助愈合被真菌侵入寄生，发生变化，在菌体内酶的作用下，使木薄壁细胞贮存的淀粉，产生了一系列变化，最后形成香脂，经多年沉积而得。不同的环境形成的沉香也不同，说到底它是动物和植物经过复杂的演变和化学作用，经天地之灵气而形成的，要经多几百上千年，沉积而形成了香脂，所以它是一种极其珍贵的材质，古籍中很早就有我国海南地区盛产品质上乘的沉香的记载。宋代，海南沉香由朝廷贡品逐渐成为商品，因为过度开采导致它"一片万钱"的结果说法。沉香木是世界上最昂贵的木料，为何贵，就是因为它的成才周期很长，说到底还不能算是木材，我们就将它当成大自然赐予人类的特殊宝贝。沉香木主要分布于我国的两广以及云南和福建等地，东亚国家以印度尼西亚、马来西亚、新加坡所产的沉香质量最佳。

在古代，白鹭象征着自由、高贵和纯洁。它的脖子修长，不易屈服，并拥有一身雪白的羽毛，意寓白鹭是高贵的、是自由的、纯洁的吉祥鸟。"鹭"与"路"谐音，显现了白鹭、莲花的吉祥图案，作品充分表达了"一路连升"的主题。

杜鹃根·山鹰

　　该根艺作品为杜鹃花根而创作，杜鹃花，又称山踯躅、山石榴、映山红，系杜鹃花科落叶灌木，落叶灌木。全世界的杜鹃花约有900种。中国是杜鹃花分布最多的国家，约有530余种，杜鹃花也是中国十大传统名花之一。传

说杜鹃花是由一种鸟吐血染成的。杜鹃根适应性强，生长普遍、广泛，其材质坚硬，根表呈栗褐色，根体曲折而富于变化，常被根艺爱好者用来创作各种根雕工艺品和各种装饰品。

山鹰是一种大型猛禽，多栖息于高山草原和针叶林地区，平原少见。为现存的动物中视力最好的动物，其性凶猛而力强，捕食鸠、鸽、雉、鹑、野兔，甚至幼麝等。属于国家一级保护动物。体长86厘米左右。体羽主要为栗褐色。未长成时，头部及颈部羽毛呈黄棕色；除初级飞羽最外侧的三枚外，所有飞羽的基部均缀有白色斑块；尾羽灰白色，先端黑褐，长成后，翅和尾部羽毛均不带白色；头顶羽毛加深，呈现金褐色。嘴黑褐色，趾、爪为黄色。

走进孙新根艺馆，右侧一只体态矫健、神态威严的山鹰映入眼帘，它屹立在"山巅"上，其体型、大小与神态，酷似山鹰一般，它身体长90厘米，宽48厘米，高82厘米（连座），一件栩栩如生的山鹰造型，奇特盘根错节的杜鹃花老树桩，经过中国根艺大师孙新的精心构思、精心打磨后，完成了一件精美的根雕作品，观众无不投来赞美、羡慕的眼光，曾有人愿意出价买下这件作品。

在地球上的动物中，山鹰的眼睛最为敏锐。对此，生物学家们经过长期的研究发现：其奥妙就在于鹰眼中含有极为丰富的硒元素，高出人类一百多倍。硒对视觉器官的功能是极为重要的，支配眼球活动的肌肉收缩，瞳孔的扩大和缩小，眼辨色力的正常均需要硒的参与。杜鹃根"山鹰"不愧一件神奇的根艺作品，让我们可以在舒适的室内环境里，近距离地观赏到野外难得一见的山鹰雄姿。

根艺·泼皮

金秋十月末的一天，趁着秋高气爽的好天气，我来到了江南风景如画的水乡——昆山锦溪祝甸古窑遗址文化园，参观了国家根艺大师孙新的根艺作品展，进入馆内不远处，这件题为"泼皮"的作品深深地打动了我。它是一件纯天然的立体人物"雕塑"，材质为黄金樟瘿根艺。整件作品几乎没有人工雕琢的痕迹，由大自然鬼斧神工一气呵成，取名为"泼皮"。

"泼皮"别称无赖。活泼；调皮。指生命力旺盛。其通常外表是衣着褴褛、不修边幅，总是斜着肩膀走路，对谁也不正眼瞧一下。远远地望见拖着长影子，穿着拖鞋到处游逛，两只贼溜溜的眼光乱扫，心中没来由的他，总是让人产生一种畏惧感，一般人不敢直视他……

这件黄金樟瘿是大自然神功所作，丝毫未动过一刀，作品高75厘米，厚23厘米，长60厘米。他带着耳套和一顶瓜皮帽，歪着头，张着嘴，睁一只眼，闭一只眼，似乎还和你打情骂俏……人头、五官、身材等各方面的比例恰到好处，生动的立体雕塑，将泼皮的外表、形象表现得淋漓尽致、一览无遗。

大千世界什么事都会遇到，什么人都会碰到，平时的人际交往中，不经意之间，我们或多或少会遇到这种泼皮、无赖，那么，我们应该如何去应对无赖呢？对于那些小无赖，可以选择直接无视，平时生活中对其避而远之，能不接触就不接触。在面对无赖时，还可以利用手机将其无赖的行为记录下来，对其进行警告，若无赖不听取警告时，可以将录像作为证据，交由公安机关处理。

根艺"泼皮"生动、完美地诠释了无赖的典型形象，在身受启发教育的同时，让我们领略了大自然的神奇，欣赏了一件如此奇妙的根艺作品。

根艺·一路和气(一鹭荷气)

这件福建花梨木根艺作品,由国家根艺大师孙新创作,他依据根材的特征,凭借多年的创作经验,利用俏雕的方式,完成了该作品:由一只白鹭鸟和一枝残枯的荷叶组成了一件谐音为"一路和气"(一鹭荷气)题材的根艺。

作品高116厘米,长63厘米,宽36厘米。荷花、荷叶虽然枯谢,但其舒展、袅娜的荷杆和残叶,仿佛依然挺拔、肃然和静谧令人沉醉。品味着荷的时光仿佛便在这一刻,停了下来。《中庸》中说,"喜怒哀乐之未发,谓之中;发而皆中节,谓之和。中也者,天下之大本也;和也者,天下之达道也。致中和,天地位焉,万物育焉。"

和,是中华文化追求的最高境界之一,心和则气平,气平则胸宽,胸宽则自谦,谦恭则处众。如此就能化解一切的不和、误会、冲突、矛盾。用一颗包容的心看人、看世界,方能视见"斜阳照墟落,穷巷牛羊归"的悠闲,听闻"荷风送秋气,竹露滴清响"的天籁,感受到"星垂平野阔,月涌大江流"的宽广。

自古以来,荷就一直被人赞颂。"出淤泥而不染,濯清涟而不妖"这句诗词更是一直被传送着,这句诗词清楚地表达了荷花高洁的品质。荷花属莲花科植物,而莲花被誉为佛教的圣物。在我国古代有一句关于植物表达友谊的句子"春天折梅赠远,秋天采莲怀人"。从这句话中我们就可以看出荷花象征着朋友之间珍贵而美好的友谊。

荷花的"荷"字与"和"字同音,而和的意思就是和睦、和顺、和气的意思。古时有衣服以荷花、海棠还有飞燕构成的一幅《河清海晏图》,就象征的是天下太平的意思。所以荷花它也寓意着祥和、和顺的意思。

和气,古人认为天地间阴气与阳气交合而成之气。万物由此"和气"而生。和字的字面意思为平和、和缓、和谐,和睦、结束争执、不分胜。但它的寓意就不同，相安、协调、团结、和平的含义，取名也意味着安定、和谐、从容、淡泊，是个包含丰富文化内涵的字。根艺"一路和气"（一鹭荷气）不愧为一件难得的好作品。

浅说海门小花架

　　江苏南通木雕工艺品既多又广，因材质和工艺相对简易，价格适中，成为供应商的主要搜寻目标。特别是适应大众化需求的各类几架、工艺品之类东西较多，可以说走遍全国小商品、花卉市场，到处可见它的身影。大的、高档的虽然不多，至于简单的、普通的几家、底座和花架工艺品随处可见。我甚至专程两次坐长途汽车到当地生产厂家去过，并且带回不少工艺品。其中小花架也是一项。南通不同于福建莆田，因当地不生长木材，其材料来源绝大部分从外地采购来的，拿到南通进行加工而成。

　　这两个树根造型的小花架，是在当地觅得，其材质大多为黑檀木和花梨

木雕刻而制，雕工比较粗糙，洞孔较大（其实省工）不能仔细看，要么有断裂，要么有残缺，老板一般启用廉价雕工，因此它的产品东西往往瑕疵很多，但从价格来看尚能接受，普通老百姓也愿意买的。

经过几十年的发展，目前，南通红木市场已形成六大板块：崇川区产业集群，海门麒麟镇红木市场，如皋林梓镇红木市场，通州四安、平潮、刘桥红木市场，以及东掘港、岔河和平东镇。几乎走遍全国所有花鸟市场，到处可见南通木雕工艺品身影。目前，南通90%以上属于小企业，生产能力低下，大多为家庭式作坊，"全国红木雕刻看江苏，江苏红木雕刻看南通"，这是在红木雕刻业圈子广为流传的一句行话。

红木制品昂贵，因材料的稀缺性决定，但其真正价值还在于作品本身的文化和艺术含量。以前购买红木产品是追求物质享受和凸显其财富地位，而现在购买红木产品则有保值、增值和艺术欣赏性等需求，是文化素养的提高。消费者品位的提高对于红木业的发展既是挑战也是机遇。只有以不断创新的态度进行制作，并赋予名贵稀缺红木材料更多文化和艺术价值，南通的红木业才能有更加广阔的市场前景。

在海门麒麟镇，有一个红木制品专业市场，红木制造企业20多家，红木个体加工户有数百家，从业人员达三千多人，并形成了以麒麟为中心、辐射周边乡镇的经济圈。我曾经两次前往参观和觅宝，这几个不同形状的镂空木雕座子，便正是在麒麟镇的街铺里买来的。

喜欢收藏的我知道，现在跑遍国内各地工艺品和小商品（包括花卉市场）购买小件木制工艺品东西，绝大部分都是来自江苏海门的，它的特点，一是机制的，大多是粘贴拼接的，而不是复杂的榫卯结构，二是上漆不是正规的按几道工序完成的，而是简单的采用清漆罩一层就完事了，所以工艺价格也便宜，适合普通大众人喜欢。它的工艺相对不如莆田，雕工也比较简单、粗糙，这两个花架是购于原藏宝楼二楼海门人制作的，我前后大约买了十多个，因家里收藏的各种玩意多，只要我相中的我就买下来。同样是洞孔，它的明显既大又粗糙，工艺和价格明显低于福建莆田。

红豆杉·金蟾招财

这件红豆杉"金蟾招财"作品体量不大，呈圆柱形，直径为35厘米，高36厘米。但是它的材质相当珍贵，为红豆杉瘿，是红豆杉属的植物的通称。红豆杉属约11种，分布于北半球。是世界公认濒临灭绝的天然珍稀抗癌植物，它经过了第四纪冰川遗留下来的古老子遗树种，在地球上已有250万年的历史。

因自然条件下红豆杉生长速度缓慢，再生能力差，所以很长时间以来，世界范围内还没有形成大规模的红豆杉原料林基地。红豆杉代

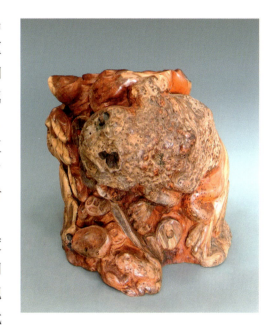

表高雅，高傲。它能生长到15米高，但在欧洲很少能见到这样高大的树木；红豆杉自古以来代表着思念、相思之情。这一花语是来源于它的传说。

作品珍贵之处在于材料是红豆杉瘿，这个瘿是个完整天然的金蟾，它有鼻子，有眼，两只手牢牢地抓着财宝，身子也紧紧地贴在财宝上，生怕丢掉。整只金蟾它丝毫未动过一刀，全由大自然造化所成。国家根艺大师孙新保留了这只金蟾，然后去粗取精、去伪存真，将金蟾的周围巧妙地雕了数个元宝和钱币，一件珍贵的金蟾招财的呼之欲出。观者无不拍手称绝"一棵树疙瘩竟然这么好看，叹为观止，叹为观止。"

这就是大师的高明所在，因为瘿木本身就很少，红豆杉瘿更是少见，可以说可遇而不可求，像如此逼真的仿生瘿真是从来没见过。

花梨木·红土地

　　红土地，又称红壤。土壤中含铁、铝成分较多，有机质少，酸性强，土质黏重，主要分布于长江以南的丘陵地区以及江西、湖南两省的大部分，滇南、湖北的东南部等地。这里是指传播革命的红色根据地。如大别山鄂豫皖革命根据地，是建立中共地方组织最早和红军的发源地之一。这件色彩呈鲜红的圆形木材，直径为53厘米，高度为16厘米，象征喻示红色的大地。

　　国家根艺大师孙新通过这件饱经沧桑、具有相当丰富年轮形象的老木料，

其生动的纹理，数不清的墚塬沟壑、高低不平和沟壑纵横的崎岖道路，让观众感受错综复杂的艰难历程，表达了革命的艰巨、顽强和不屈不挠的斗争精神，以暗喻的方式明确表达出红色革命教育的重要意义。它以红土地作为时代精神内涵的象征、务实的落点在于教育和呼唤有志青年忧国忧民、挑战自我、超越自我、挑战极限、奉献社会的崇高精神；同时，鼓励革命老区也需要与时俱进，实现跨越式的大发展。当年奉献出无数红军战士、将军和元帅的革命老区，正在涌现新一代风云人物，而且还在呼唤更多各方面的精英人才。红色教育将以红土地教育下一代，以哺育人才建设红土地，在烈士鲜血染红的土地上滋养绿色生命，实现革命老区与人的可持续发展。

花梨木色彩鲜艳，纹理清晰美观，我国广东、广西有此树种，但数量不多，大批用料主要靠进口。作为制作家具最为优良的木材，花梨木有着非凡的特性。

这种特性表现为不易开裂、不易变形、易于加工、易于雕刻、纹理清晰而有香味等，再加上工匠们精湛的技艺，花梨木家具也就成为古典家具中美的典范了，海内外收藏家无不以收藏到花梨木家具绝品而自豪。花梨木家具也成了"古典家具之美"的代名词。花梨木纹较粗，纹理直且较多，心材呈大红、黄褐色和红褐色，从纵切面上看带状长纹明显。

红色教育是指以红色作为时代精神内涵的象征、务实的落点在于教育。呼唤有志青年忧国忧民、挑战自我、超越自我、挑战极限、奉献社会的崇高精神。它以红土地教育下一代，以哺育人才建设红土地，在烈士鲜血染红的土地上滋养绿色生命，实现革命老区与人的可持续发展。花梨木"红土地"所要展示和表现的根本意图就是这点。

黄杨木雕·吕洞宾与小鬼

此雕件人物憨态可掬，吕洞宾仙风道骨的人物形象与小鬼的调皮形成了鲜明对比。经过岁月的磨砺，整个雕件包浆明显，雕工粗犷古朴，层次分明。作品高28厘米，长11厘米，宽9.5厘米。

八仙过海，是民间流传广泛已久的神话故事，八仙之中吕洞宾名声最响。

因他行踪不定，经常在人间济世度人，上到达官贵人，下到乞丐娼妓，都有受过他点化的。吕洞宾出生于世代官宦之家，祖辈都做过隋唐官吏，吕洞宾自幼熟读经史，有人说他曾在唐宝历元年中了进士，当过地方官吏。

后来，他因厌倦官场和妻子一同隐退在九峰山。夫妻各居一洞，相对可望，遂改名为吕洞宾；"吕"，指他们夫妇两口，两口为吕；"洞"，是居住的山洞；"宾"，即告诉人们自己是山洞里的宾客。他的道号为纯阳子。他在弃官出走之前广施恩惠，将万贯家产散发给贫民，为百姓办了许多好事。吕洞宾一生乐善好施，扶危济困，深得百姓敬仰。

黄杨木雕，是以黄杨木为

原料的雕刻技艺，是我国传统木雕艺术中的一个门类，在浙江它与"东阳木雕"、"青田石雕"并称为"浙江三雕"。它有着悠久的历史，只是它具体起源于哪个朝代，目前无从考证。明清时期，黄杨木雕已经形成了独立的手工艺术风格，并且以其贴近社会的生动造型和刻画人物形神兼备而受到人们的喜爱，内容题材大多表现中国民间神话传说中的人物，如八仙、寿星、关公、弥勒佛、观音等。黄杨木原木皮色淡黄，直径一般不会粗过30厘米，大多数在20厘米以下较常见，断面打磨后年轮较细密，每圈年轮最多不超过1毫米，色淡黄至偏白，无边材，无毛孔，手感细腻，长直材料少见。水黄杨色偏白，年轮较粗，边材厚，有大型材料。黄杨木成品一般为小件圆雕，偶有透雕卡子花饰件，手感细腻。水黄杨一般多偏大型雕件，原木色偏白，手感偏涩。还有为了仿真而上色作旧的方法，此种作伪的色泽不自然，且没有包浆。鉴别时可用软布或棉签蘸取少量"香蕉水"擦拭，赝品会褪色，真品则不会。

晚清、民国以后的黄杨木雕圆雕小件选精质黄杨木为料，精工刻画吕洞宾醉归图，吕祖头戴文帽，肩披斩妖长剑，手扶小鬼脚踏祥云，略带醉意。双目微垂，长须飘逸，整器雕工细腻，刀法刚劲，线条刻画流畅自然，人物神态雕刻逼真，不失为一件上好佳作。以其古朴而文雅的色泽、精致而细腻的制作工艺，且适宜陈设等特点，一直深受收藏者的喜爱。

作为八仙之一，很多人多会觉得吕洞宾只是个神话，一个传说。然而，事实上并不是这样子的，吕洞宾是一个真实存在的人。他擅长写诗，能文能武，他是钟吕内丹学的开拓者，是一个很受人敬佩的人。吕洞宾出生书香门第，从小就受到文化的熏陶，十岁就会写文了，所以吕洞宾厉害的原因也跟他的家境有关系。他的写景诗，将人与景完美融和，使得诗的韵味极高。最出名的是一首《梧桐影》，整一首诗，字数不多，却勾勒出了一幅桐景图，动人心弦，还被题在了景德寺的墙壁上，还受到了苏轼的赞美。吕洞宾的剑画诗更是一绝，一首《剑画此诗于襄阳雪中》，流传了一千多年，教给后人只有忍受严寒，才能领略雪中之美的道理。

黄杨木雕作为一门独立的工艺门类，其起源不晚于元代。明清时期，黄杨木雕已经形成了独特的艺术风格，并以擅长塑造戏曲人物、神仙佛道、婴戏等民间喜闻乐见的形象而受到人们的喜爱。

姜饼木·蛟龙探海

姜饼木，俗称：雨花梨、黑金檀。乔木，高约15米，直径达1.6米。本属约有70种，广泛分布于世界热带地区。外皮深灰褐色；具小龟裂纹；呈不规则块状脱落。内皮浅红褐色；石细胞发达，近外皮处为层状排列。横断面：心边材区别略明显。心材暗红褐色带紫色调，心部具不规则花纹。其根部奇特漂亮背部颜色和形状很像姜块连接，而底部为深褐色纹理细密褶皱状，为根艺类一种奇特状。

这件根艺是我七年前，在沪太路尊木汇文化产业园觅到的，它来自云南的根艺。长73厘米，宽23厘米，高77厘米，酷似一条神秘的龙，它抬着头，四处张望，似乎在探望什么。为

此，我给他取名为
"蛟龙探海"。

由此联想到我
国首台自主设计的
"蛟龙号"载人深
潜器，它系独立自
主，集成研制的作
业型深海载人潜水
器，设计最大下潜
深度为7000米级，
也是目前世界上下
潜能力最强的作业
型载人潜水器。它
可在占世界海洋面
积99.8%的广阔海
域中使用，对于开
发利用深海的资源
有着极其重要的意
义。它的应用，推
动和引领了我国深
海制造业相关领域

的发展，带动了我国新材料、新能源比如高比强度钛合金厚板、耐高压锂离
子蓄电池等在深海工程上的应用发展，推进了我国深海运载装备谱系化的发
展。从蛟龙下海，到嫦娥奔月，再到神舟飞天，今日的中国，欣欣向荣，繁
华一片。

姜饼木"蛟龙探海"，是我根艺收藏中难得一见的佳作，我收藏了不少各
类材质根艺作品，如：六道木、崖柏、黄杨木、杜鹃、红豆杉等，但姜饼木
根艺是第一次收藏，而且最令我喜欢的是，它是几乎没有人工雕琢、纯天然
的大自然鬼斧神工、巧夺天工的一件好作品。

姜饼木根艺·熊

2016年秋，沪太路尊木汇文化产业园正举办根博会，我有幸觅得了这件来自云南的姜饼木根艺摆件，它长60厘米，高80厘米，宽30厘米。其背面呈清一色的生姜色，正面为姜、褐双色色彩。正反两面均布满了极为流畅、细腻的纹理。整件作品色彩素雅炫丽、形象飘逸多姿，形态和动态极佳，这件根艺恰似一只站立的动物，经斟酌考虑，最后我取名为"熊"。

经过仔细观察、反复琢磨，认为它像一只站立展开双臂的熊，熊头很小，四只粗矮的大胖腿下面有四只胖脚掌，掌上有像钢钩一样的爪子，躯体粗壮肥大，膀粗腰圆，身上长满了黑色的毛，体毛又长又密，嘴长，眼睛与耳朵都较小，臼齿大而发达，咀嚼力强，四肢粗壮有力，脚上长有锋利的爪子，用来撕开食物和爬树，一条小尾巴，夹在两

条肥胖的大腿缝里，熊平时用脚掌慢吞吞地行走，但是当追赶猎物时，它会跑得很快，而且后腿可以直立起来。根据它胸部有一块新月形的白斑记，不过它是褐色的斑记。所以我断定它，似乎是一只生活在亚洲的黑熊，又称马来熊。

喜欢收藏奇石、根雕的我，个性是喜欢天然的、自然的东西，由大自然赐予人类的鬼斧神工的好东西。也收藏了不少各类材质的作品，如六道木、崖柏、黄杨木、杜鹃、红豆杉等。

根雕艺术最早起源于中国，根雕艺术在华夏的历史可谓源远流长。其历史悠久如同中国制陶、雕刻、书法、盆栽、文学等艺术一样，来自于社会实践、审美意识，在长期的生产实践过程中产生，且不断发展成熟。人类祖先开始用树枝、树根熏烤食物，或用其作为武器来狩猎及防御野兽的袭击，后来发展到用树枝制作简单的生产工具和饰品。早在原始社会，人们已用木雕做装饰品。1982年河北江陵马山一号楚墓时，发现了战国时的《避邪》根雕艺术作品。其形为虎头、龙身、兔尾的四足怪兽，极富动势神韵；隋唐时期

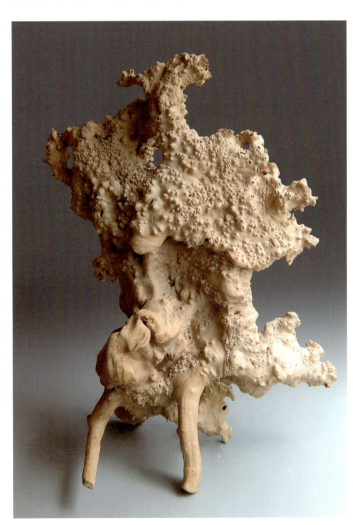

《李泌传》用天然树根制作"龙形爪"献给皇帝的记载。到明清两代，根艺已趋成熟。出现了《玉玲珑麒麟》《凤凰》等作品。1985年中国美术馆专门举办了"中国根艺艺术联展"并成立了中国根艺研究会。1994年9月批准，创立了中国根艺美术学会。而且先后在福建、浙江、江苏等地发展了四十多个根艺团体。使根艺创作、发展达到一个前所未有的水平。根雕艺术以其独特的魅力、妙趣天成的艺术感染力，受到越来越多人的青睐。

根雕艺术创作的构思，必须着眼于最大限度地保留自然之形，自然之美。云南根艺资源相当丰富，在全国首屈一指，并且云南受气候和喀斯特地貌的影响，根艺天然形成，造型美观、奇丽。根艺作品如果没有奇特的造型就显得乏味，一件好的作品绝大部分应该是天然品，少部分被"人工"装饰。根味较浓的根雕艺术品往往是大自然的一个缩影，使人感到亲切，因而具有很高的艺术价值。好的根雕作品，往往是保留树根自然形态基础上精心雕琢而成，两者相得益彰，也就是人们常说的"三分人工，七分天成"。

一件绝佳的好根艺作品，应该具备完整的体型、完美的形态、完满的肌理、完好的油性和色泽等多个因素来加以考量。"熊"系深山根艺老料，除了体表和根脚稍作处理，完全是纯属自然的，有天然裂纹，干芯表面有天然风化的流畅的纹理和孔洞，不愧是一件成功的、独一无二的天然象形根艺佳作。

精致迷你竹编鸟笼

我不养鸟，但收藏鸟笼，凡手工精致漂亮的制作品，都喜欢。譬如迷你竹编笼。这里我晒出五只鸟笼，尽管式样不同，但共同点都非常精致，而且制作样式和材质要求与真正鸟笼是一样的，只不过按原比例缩小了，虽不能养鸟，但它是鸟笼的微塑版，可以养蝈蝈。

从左说起，第一个方型笼，边长9厘米、高20厘米；其次也是方型笼，不过它是双层、双门的，（红木材质）边长8.8厘米、高24厘米；中间两只是一对（是精装锦盒包装的）为最小的，直径4.2厘米、高9厘米；最后一只为最大的。直径10.5厘米，高26厘米。

"工欲善其事，必先利其器"养鸟器具的适用与否，是养好鸟的关键之一。所以，只有先置备好合适的鸟笼和附属器具，才能将鸟养得健康活泼，鸣唱自如，适合观赏。据了解，鸟笼分南、北两派。中国鸟笼之乡，如贵州丹寨的卡拉—南笼之乡。河北涿州义和庄—北笼之乡。

常见的实用鸟笼以竹制为主，但就收藏价值而言，红木更受玩家钟爱。制作的红木鸟笼多用血檀、紫檀、酸枝、乌木等考究材质。将红木裁成木条之后，还要经过蒸、盘、定型、矫形等多道工序，反复地将其盘圆，且接口处不留痕迹，表面光滑、手感好。

鸟笼中的天花板，应首推京笼。北京是明清故都，是政治、文化、经济的中心。为迎合皇帝、王公贵族需要，各类能工巧匠云集而至，各地的工艺技术也流入北京，鸟笼玩物也不例外。当时明清宫廷都有造办处，是好中之好的供品。京派鸟笼保持了较高的技艺水平。伴随着文人雅客的参与，鸟笼慢慢地成了一种可观赏的文玩，社会有闲阶层攀比之风盛行，进一步促进了工艺的革新和提升。近年来，随着收藏与传统文化的热潮，鸟笼的收藏价值也大大提升，一只制作精良、选材考究的鸟笼往往成交价值不菲。

贵州丹寨县有神秘的苗寨，号称中国著名的鸟笼之乡——卡拉苗寨，是现存为数不多的古老手工编制鸟笼的村寨，其鸟笼编制技艺已有四百多年历史。它的制作精巧，鸟笼品种繁多，规格各异，形状多样。除普通的鸟笼外，还有集编制、雕刻、蜡染、刺绣、书法、绘画等艺术为一体的鸟笼精品。

鸟笼，应掌握鸟的体量、习性等要求对其笼体工艺有所要求，使之既适合鸟的活动，又细致美观。鸟笼可选用竹、木或金属丝之类的材料制作，形状有长方形、圆形、方形、扁形、半圆形、房式、腰鼓形等。我国的鸟笼素以选材考究，做工精细，既适用又美观而闻名于世。为适应不同鸟的生活习性，采用不同鸟笼。如图左一中等观赏笼适合养芙蓉鸟，左二分格笼适合喜欢打斗的画眉鸟，中间两个精致娇小笼适合绣眼鸟，而体量最大的笼，一般适用喜欢活动的八哥鸟，百灵虽然体格小但它好动，善于鸣唱等，所以也用大笼饲养。此外，还有一些凶猛的鸟如鹦鹉、虎皮鹦鹉等。一般则要用金属笼或鸟架饲养。

精致迷你竹编鸟笼，仅是一个鸟文化的缩影，一种情怀象征，也是传统文化的一小部分，代表着历史风貌的一个侧面，反映着祖先生活的一个兴奋点。就像口音习惯、吃穿风俗、婚嫁礼仪一样，深深地扎根于华夏这片沃土之中。

老煤竹·蟹趣图

　　由上百年烟火熏制洗涤的广西老煤竹，形成特有的色彩，上海工艺美术大师罗安钢以小写意的表现手法，通过色差表现，来体现中国传统绘画的墨韵——蟹趣图。

　　作品高36厘米，宽6厘米，厚3厘米。画面顶端为写意茂密自然舒展的芦苇丛中下，依次呈现了九只形态各异，神态自如，栩栩如生的河蟹。有的伸展着八爪和两只大螯横行在泥地里爬行；有的竖着两只小眼睛，贼似的警惕着四周，嘴里还不停地吐泡泡；更有的是威武地挥动着两只长满绒毛螯足，张牙舞爪怒视着其他同类；还有的不知何故蟹被翻了个四脚朝天，悠闲地舒展8只脚，还顺势把它的"大

钳子"收起来，在泥地里躺着……

画面洋溢着悠闲的生活情趣，它恰似中国著名国画大师齐白石《河蟹图》中的题跋"多足乘潮何处投。草泥乡里合钩留。秋风行出残蒲界，自信无肠一辈羞"的意境。

广西老煤竹又被称为烟熏竹。其形成的时间至少百年以上，本身就是岁月的故事，自然而然的烟熏火燎，流淌着岁月的痕迹，古朴淡雅的色泽，是从远古走来难得的材料，来自西南少数民族搭建房子或厨房所用竹子。历经日积月累间接烟雾缭绕的侵蚀烟熏而成。竹子的颜色逐渐变成紫铜色、红褐色、黑红色等等，这种竹子的色彩柔和，透着生活的阅历，泛着微微的光着，让人心里说不出的宁静和恬淡。竹子不容易被虫蛀、发霉。竹子表面生成了一层黑褐色，看起来就和煤块一般无二，实在谈不上美观，却有个好听的名字——"煤竹"。自然备受文人珍惜。

罗安钢的创作来之不易，除了选材外，对螃蟹之观察也非一朝一夕。为了创作这件作品他首先查阅了大量资料，尤其是齐白石蟹作的题材，尽量画得真实，生动，活灵活现。经过不断探索、学习，他逐步掌握了竹刻的要领，其"刀"下的螃蟹早晚期造型不同，笔墨亦有变化，功夫不负有心人，他刀下的蟹达到中国画的墨韵效果。

眼下正是菊黄蟹肥的季节，古人说："不到庐山愧对目，不食螃蟹辜负腹。"

俗话又说"秋风起，蟹脚痒"。几只阳澄湖大闸蟹，形态各异，为竹刻中一绝。老煤竹·蟹趣图，以刀代笔、"笔墨纵横"、构思独特、赋色雅致的竹刻，笔法工致，呼之欲出，境界新奇而充满诗意，力显神韵有趣，满目生机，把自然之美，提升为艺术之美，真是令人拍案叫绝。

烙画·黄土地

山东省艺术发展中心传统文化研究院副院长、工艺美术师、上海市收藏协会资深藏家郭祖武创作的"烙画·黄土地",荣获了2023中国(山东)工艺美术博览会银奖。

该作品是在一张60厘米见方的木板上烙制。作者布局缜密、构图清晰、意境生动。他充分运用了点、线、染、涂、擦等技艺,将黄土地的面貌表达得入木三分、淋漓尽致。黄土山巅,沟壑纵横,山多为是秃顶的,数不清的墚塬沟壑,几颗稀疏的白杨树在晚风中摇曳,巧妙地点缀了山脚下的生气,似乎给人有一种惹人怜爱的别样感觉。山脚壑旁村庄,勾勒出一幅"黄天厚土大河长,沟壑纵横风雨狂。千古轩辕昂首柏,青筋傲骨立苍莽。"真实场景。

烙画又称火笔画,中国传统艺术珍品、国家非物质文化遗产之一,起源于秦汉,鼎盛于明清,发展于现代。它是用火烧热烙铁在物体上熨出烙痕作画,烙画创作在把握火候、力度的同时,注重"意在笔先、落笔成形"。它不仅有中国画的勾、勒、点、染、擦、白描等手法,还可以烫出丰富的层次与色调,具有较强的立体感,酷似棕色素描和石版画,因此烙画既能保持传统绘画的民族风格,又可达到西洋画严谨的写实效果。使其有独特的艺术魅力,因而给人以古朴典雅、回味无穷的艺术享受。

烙画利用碳化原理,在竹木、宣纸、丝绢等材料上勾划烘烫,形成了古色古香、纯真精美、典雅独特风格的东方艺术品。据志书记载,清光绪三年,擅长绘画的南阳人赵星三在一次吸食鸦片时,烟瘾过后,顿生画兴,以烧红的烟扦代笔在烟杆上信手烙烫作画,得一小品,喜出望外,继而又在其他木玩上施艺,均获成功,随潜心研究,久而久之,就琢磨出一整套烙画工艺。他的烙画作品也逐渐成为达官贵族之间礼尚往来馈赠之佳品,以至作为南阳的贡品进入清宫,一些烙画上品颇受皇亲国戚的青睐。以后赵星三又收了四个徒弟，大徒弟李番之能写会画，精通各种花色，技艺娴熟，专攻人物；二徒弟邱义亭擅长博古；三徒弟杨殿奎专攻花鸟；四徒弟张西凡则独领山水之风骚。20世纪20年代，烙画已形成了一个特殊的手工行业，烙画品也成为南阳颇有名气的民间艺术品而享誉国内。当时，南阳城内已有多家专卖烙画的店铺。

　　郭祖武，人称阿武，出生福建莆田人，为国内著名的木雕之乡。从小受到家乡的艺术熏陶。见到栩栩如生的雕件，心里充满了渴望，初中念完后就走上了木雕艺术之路，拜师从艺干了几十年，直至2000年外出到石家庄他又有幸拜在了烙画大师郝友友门下开始了烙画生涯。艺术是相通的，因为原来的基础，使他逐步掌握了这门技艺。在师傅的帮助下，通过不断地刻苦努力，经过二十多年的努力他的烙画技术已达到了相当的水平。不久前山东省艺博会上这件《黄土地》荣获了一枚银奖。它验证一句名言"世上无难事，只怕有心人"。

烙画·湄洲渔船

　　烙画"湄洲渔船"，画面表现的是福建湄洲岛一景。湄洲岛地处湄洲湾，在台湾海峡西岸中部，因形如眉宇，故称湄洲岛，湄洲岛属于福建莆田市直接管辖。作者郭祖武福建沉香协会副会长、工艺美术师、上海市收藏协会资深收藏家。自幼出生、成长在莆田，对家乡怀有深厚的思念和情结，于是创作了这件作品。

　　作品取材0.6厘米厚，60厘米见方尺寸的木板上，以烙铁作画简称烙画，又称烫画，火笔画，古代也称"火针刺绣"，这是中华民族古老而又珍贵的一项画种。画面主题为：上部分，描述了在一片宽阔的海面上空无一艘船只，远方依稀可见祖国的宝岛——台湾；中间，为几艘漂泊停靠在岸边上的渔民捕鱼船，熟悉的人一看便知，真是休渔期，每逢农历三月二十三前后数日内，湄洲海岛渔民有不能下海捕鱼或垂钓的习俗。据传湄洲海岛渔民认为妈祖祭祀活动期间，龙王来朝拜妈祖，潮水汹涌，故不能捕鱼垂钓，另据考察，适逢妈祖祭祀活动期间，湄洲岛四周确有不少水族游弋其中产卵。这也许是传说与天象的有趣巧合。所以渔民不能出海捕鱼。渔船在船籍港所在地休渔，不得擅自离港或改变停泊地点；下部分，则刻画了一只黑白相间的边牧犬蹲伏在泊船边，抬头远望，坚守着主人的到来。它的前面真是一片岩礁碎石……

　　巧在本人工作上的原因，曾几度亲自去过福建莆田，它位于东南沿海，海域宽阔。鱼资源丰富，也是驰名中外的著名侨乡，工作之余，当地领导曾带我上了湄洲岛，对当地的风土人情有所了解。湄洲妈祖祖庙在世界妈祖文化现象当中拥有至高无上的地位和影响力，而且它建立时间是最早的。世界更有无数妈祖信仰的人，每年妈祖诞辰日和升天日活动期间，朝圣旅游盛况空前，被誉为"东方麦加"。国家批准的首个世界性妈祖文化社团"中华妈祖文化交流协会"，2004年在湄洲岛妈祖祖庙成立。她的成立，标志着妈祖信仰正式被界定

为妈祖文化，具有里程碑式意义。如同山东"孔子祭祀"和陕西"黄帝祭祀"并称为中国三大传统祭典。"妈祖祭祀大典"也被中国首批列入"非物质文化遗产"。记得我们参观的那一天，正好赶上妈祖纪念活动日，当地人不少，人流正是川流不息，台胞以及海外来的亲人也不少。

　　湄洲岛自古属于福建莆田，在台湾海峡西岸中部，南北长约9.6公里，东西宽约1.3公里，全岛南北纵向狭长，是莆田市第二大岛。是妈祖的成神地。全岛使用莆田话。岛上居民多系海上的打鱼人。每逢妈祖祭祀活动期间，湄洲海岛渔民有不能下海捕鱼或垂钓的习俗。湄洲岛具有得天独厚的滨海风光和自然资源，是旅游度假胜地。蓝天、碧海、阳光、沙滩构成浪漫旖旎的滨海风光。岛上有金色沙滩、海蚀岩。形成水中有山，山外有海，山海相连，海天一色的奇特的自然景观。峥嵘嶙峋的鹅尾神石，历经岁月洗礼，如龟、蛙、像鹰、似狮。

　　烙画"湄洲渔船"，如实生动地表现了莆田人的风俗习惯、人文景观，也让我重拾了曾经走过的地方以及回味海峡两岸同胞"一家亲"的思绪、情节。

木雕·丹顶鹤

　　这对"丹顶鹤"木雕摆件，那还是多年前在江阴路花鸟市场的地摊上觅得的，它是木雕然后绘色制作而成，它的底脚还是采用随形根艺配上去的，更具生态形象。仙鹤一只呈俯视状，头朝下，展开双翅，另一只高昂着头，舒展着亭亭玉立那高傲的身姿，美丽动人，使人陶醉。丹顶鹤是鸟类中最高贵的一种鸟，代表长寿、富贵，寓意健康长寿。传说中的鹤是一种仙禽，据《雀豹古今注》中载，"鹤千年则变成苍，又两千岁则变黑，所谓玄鹤也"。可见古人认为鹤是多么长寿了。因而鹤常被认为鸟中长寿的代表。

　　丹顶鹤俗称仙鹤，是鹤类中的一种，大型涉禽，体长120～160厘米。颈、脚较长，通体大多白色，头顶鲜红色，喉和颈黑色，耳至头枕白色，脚黑色，站立时颈、尾部飞羽和脚黑色，头顶红色，其余

全为白色。

传说中的仙鹤，就是丹顶鹤，是生活在沼泽或浅水地带的一种大型涉禽，常被人冠以"湿地之神"的美称。它与生长在高山丘陵中的松树毫无缘份。但是由于丹顶鹤寿命长达50~60年，人们常将它和松联系在一起，作为长寿的象征。

东亚地区的居民，用丹顶鹤象征幸福、吉祥、长寿和忠贞。在各国的文学和美术作品中屡有出现，殷商时代的墓葬中，就有鹤的形象出现。春秋战国时期的青铜器钟，鹤体造型的礼器就已出现。

道教著作《云笈七签》中说张道陵可骑鹤往来。佛教是修来世，而道教是修今生。道教认为人这个生命，经过修炼，灵魂和肉体可以升天，长生不死，从而达到神仙的境界，"与天地同休，与日月同寿"。

2003年，中国国家林业局和中国野生动物保护协会启动了国鸟评选活动，并成立了专家评选小组和确定了评选标准。2004年5至6月，中国野生动物保护协会、中国新闻社、新浪网联合全国20多家新闻网站举办了网上推举国鸟活动。在候选的10种鸟类中，丹顶鹤获得500万网民中64.92%的选票，遥遥领先于其他竞争者。中国国家林业局把丹顶鹤作为唯一的国鸟候选鸟上报国务院。

古代传说鹤是仙禽，神人驾鹤升天。又有"鹤寿千年"之说。寓意延年益寿。鹤有一品鸟之称，又意一品当朝或高升一品。它是鸟类中吉祥长寿的代表。因此在帝王时代，鹤被作为一品鸟而应用于有相当品级官服的各种装饰中。

鹤，羽色素朴纯洁，体态飘逸雅致，鸣声超凡不俗，在《诗经·鹤鸣》中就有"鹤鸣于九皋，声闻于野"的精彩描述。在中国古代神话和民间传说中被誉为"仙鹤"，成为高雅、长寿的象征，在诗词和中国画中，常被文学家、艺术家作为主题而称颂。由于寿命相对长，故自古以来人们把它同松树绘在一起叫做《松鹤图》作为长寿的象征。

木雕·象群

　　象，哺乳纲，长鼻目，象科。主要外部特征为柔韧而肌肉发达的长鼻，其长几与身体相等，呈圆筒状，伸屈自如，鼻孔开口在末端，鼻尖有指状突起，能拣拾细物，是象自卫和取食取水的有力助手，鼻能垂到地上，平时弯卷着，可以开闭。象有灰、白二种颜色，它的耳朵下垂，巨大的耳廓不仅帮助谛听，也有散热功能。象肩高约3米多，体重2～8吨。头大，耳大如扇。四肢粗大如圆柱，支撑着巨大身体，行走时先移动左脚，卧下时用臂着地。上颌具1对发达门齿，终生生长，非洲象门齿可长达3.3米；象是现存最大的陆生哺乳动物，它的嗅觉和听觉发达，视觉较差。现存非洲象、非洲森林象及亚洲象三个种类，非洲象体型较大，亚洲象相对较小。非洲象性格暴躁，有可能攻击其他动物，相比之下，亚洲象脾性较显温和。非洲象无论雌雄都

有象牙，而亚洲象只有公象才有象牙。

近期在家中整理收藏品时，发现了六头大小不等的木雕象，都是我前后从几处买来的，其中最大一只领头象和一头小象，是二十多年前，最早从上海展览中心的云南工艺品展览会上买来的，当时价格很贵，但无论材质还是雕工绝对好，我被它深深吸引了，于是当场收了两件，当时围观的人很多，却买的人少，围观的人向我投来羡慕的眼光。其他四只是后来从根雕市场买来的。

象是群居性动物，以家族为单位，由雌象做首领，每天活动的时间，行动路线，觅食地点，栖息场所等均听雌象指挥。而成年雄象只承担保卫家庭安全的责任。有时几个象群聚集起来，结成上百只大群。象栖息于多种生境，尤喜丛林、草原和河谷地带。群居，雄性偶有独栖。以植物为食，食量极大，寿命约80年。

象被人类驯养视为家畜，可供骑乘或服劳役。象牙被作为名贵的雕刻材料，价格昂贵，故象遭到大肆滥捕，这也是它们数量急剧下降的原因之一。正因象牙自古以来被视为珍贵之物，收藏者众多，故而使大象数量急剧下降，虽国际上已多次立法禁止象牙交易，并且公开焚毁过象牙制品，但为利益驱使，盗猎行为仍屡禁不绝。

古往今来，我国先民与象有关的文化独具特色，大象在中国生存历史悠久，与我国先民的生产和生活有着千丝万缕的联系。在人象相处的过程中人们逐渐创造了种种与象有关的文化形态，称之为中国象文化。以不同形式表现在生产、生活、宗教崇拜、文化崇拜等方面，并对人们的思维习惯，风俗与艺术产生重要影响。同时象文化不断与中国传统文化相融合，丰富了民族文化和民族精神，象文化是中国传统文化中宝贵的精神财富。

都说版纳是"大象的王国、孔雀的故乡"，在远古时与象就结下了不解之缘。傣族是最早学会驯象的民族。版纳很多村子称为"曼掌"，意为"专门为土司驯养大象的地方"。在傣族的节庆和宗教活动中，只要是在聚会场所，都能听到一阵阵有节律的鼓声，象音乐的代表乐器就是象脚鼓，象脚鼓遍布傣族村寨……

我按照象的生活习惯，将六件象组合在一起，生动展现一幅象群活动的场面，不禁让我们想起2020年3月，象群从西双版纳州进入普洱市，并一直北上，我国政府相当重视，经过努力引导，又将北上的大象及时返回故乡之旅，让我们看到了中国保护野生动物的成果。

浅说莆田小花架

作为一名普通收藏爱好者来说，闲暇时我经常喜欢逛一些古玩和收藏市场，根雕和木雕是我收藏的一个方面，花在这方面的钱至少要超出五位数了，各种各样的材质都有。各个地方的工艺特色不尽相同。譬如制作花架来说，目前主要由江苏海

门和福建莆田这两家生产的东西，走遍全国各个市场都能看见他们的产品。今天就莆田花架浅说一下。

莆田木雕小花架，明显要强于江苏海门，主要表现在两个方面，一是做工较细，它的花架孔洞和枝干的大小、姿态舒展自如；二是它的东西完工后，不是简单罩一层清漆，往往是采取做旧，让内行人一看就喜欢上了。因此莆田小花架的价格相比海门的东西要贵，但东西绝对经得起看。在福建省莆田市境内生产的木雕艺术品一般采用当地的材料，因气候等原因，它的工艺品材料大多来自本地生长的材质。如：红豆杉、龙眼木、樟木以及杜鹃木等为多。

莆田木雕有着近千年的历史，唐代已经开始采用莆田木雕装饰建筑，还用于佛像和刻书。由莆田雕刻名手平雕的宋代马远所绘关羽像至今仍存放在万寿庵内。到了明代，莆田出现了很多擅长佛像和装饰雕刻的艺人，莆禧天

妃宫内的妈祖木雕像，不仅脸部表情好，手脚还可以上下左右活动，至今保存完好。

清代的莆田木雕艺术有了进一步的发展，乾隆年间已经有贴金透雕作品被当做贡品。清末名匠廖明山善用寸木雕镂人物、花草虫鱼等，其孙廖熙等五兄弟均为雕刻名手，作品曾在巴拿马世界博览会上获得多个奖项。

莆田木雕造型优美，工艺精湛，尤以立体圆雕、精微细雕、三重透雕等传统工艺闻名于世。因材料不同，龙眼木雕、黄杨木雕、檀香木雕、红木木雕均显出各自的风格特征，其作品多为富贵之家所珍藏，并吸引了许多海外古董商前来购买。

莆田木雕是福建省传统民间雕刻艺术之一。莆田木雕是兴于唐宋，盛于明清，素以"精微透雕"著称。北宋时期五度为相的仙游人蔡京创"丰亨豫大"之说。在明代则形成了造型简洁、明快清新的艺术风格，清代进入结构考究、装饰华美、繁复厚重的辉煌时期。福建莆田木雕，滥觞于唐代，明清时期日益兴盛，与浙江东阳、乐清木雕、广东潮州木雕并称为"中国四大木雕"。其中，莆田木雕雕刻工艺主要以立体圆雕、精微细雕和三重透雕等为主，莆田木雕在清末民初时达到了第一个艺术高峰，此时市场也较繁荣，木雕佛像、建筑装饰雕刻等普遍受到民众的欢迎。改革开放后，莆田木雕产业化发展，声名进一步远扬，并带动了古典工艺家具、玉雕、宗教雕像、竹雕、漆器、金银首饰等相关工艺领域的发展。时至今日，莆田木雕产业规模急剧扩大，并在2003年荣获"中国木雕之城"这一全国性的专业荣誉称号，成为全国最大的木雕工艺品、佛像和家具的集散地。

太行崖柏·麒麟

　　麒麟是中国传统文化中的神话动物之一，我国古代书籍记载的一种传统神兽，和凤、龟、龙被称作四灵，同时它也一直被当做一种性情温和的瑞兽。古人认为有麒麟出没的地方就有祥瑞。它具有温和的气质特征。在古代，人们相信麒麟是世界好运与和平的标志。在现实生活中，我们经常在自己家里放一些麒麟摆件。

　　这件根艺材质为真宗的太行崖柏，崖柏太行料的香味甚似醇厚，沁人心脾，不像某些新料或者其他地方的料子刺鼻，它是太行老料，在山崖上经过上百年的自然风化而留存下来的珍贵之宝，让人惊讶的是其韵味之妙更是不言而喻；同时由于它生长的地理环境的关系，崖柏太行料比其他地区的品质要好些，料子的密度更高而且木质的质感更加细腻，老料一般都是干透的，所以密度值是实打实的，与新料无法拿来比，要知道新料都是活树砍伐的，木质中的水分含量较高，会虚增密度值。太行崖柏木确实是崖柏中的上品，无论从油性还是质感都更胜一筹，这也成为不少商家的炒作卖点之一。

　　作品，高18厘米，长23厘米，宽16厘米。中国国家根艺大师孙新，以他睿智的目光，觅得此件宝贝。整件作品非人工雕刻而成，完全是天然的，有眼、鼻、角、尾和四肢，还是一只回头的麒麟瑞兽，神态极其形象、逼真，而且其身上的毛发、骨骼自然流畅，观之令人达到咂舌的地步，这件根艺无论材质上或是形象上都是难得一见的好作品，绝对可以称得上是天花板级的崖柏根艺。

香樟·平步青云

　　这件樟木瘿，天然生长着一只同人类脚的式样、大小比例、尺码非常接近的脚印，它是大自然鬼斧神工天成之作。"瘿木"，其种类很多，缩蹙成各种山水鸟兽的纹案相对多些，而形成为人体部分相对少见，它其实仅仅是一种现象。瘿木又称影木。瘿即为囊状瘤子之意，在树上就是指树木因受到害虫或真菌的刺激而长成的树瘤，是一种病态的产物。

　　有一种说法就是出于树根的称为瘿木，因为树干上天然长有树瘤，而根者多为树根结节，而且影木之称谓也未必是"立竿见影"之意，而是指影木有婆娑之态，甚为好看得名。生于树身的称谓影木，影木的纹理优美，形成非常不易，出产极少，纹理多变，且富有立体感，难得遇见。

　　这件作品高88厘米，长55厘米，厚25厘米，一只形象逼真的"脚"生长在一张香樟枯板上，它启迪人们"读万卷书，走万里路"、"千里之行，始于足下"的种种深刻道理。常言道，一步一脚印，足下生辉，深沉意思表示：做人要踏踏实实。所走的路就会成为未来通往成功的路，就像一步一步在步向辉煌。成功常成于坚忍，毁于浮躁。只有一步一步脚踏实地，慢慢积累，才能达到自己理想的远大目标。否则急功近利，欲速则不达，就将造成前功尽弃。

　　根艺"香樟·平步青云"，完全是大自然，巧夺天工而形成的樟木瘿痕迹，根艺大师孙新，巧取自然、巧用根艺，巧借主题，显示了其博大精深、超凡脱俗的中国国家根艺大师的卓越智慧和非凡才华！

柞木根艺底座

　　2013年初，我在上海展览中心古典家具展会上，兴奋地寻到了一件十分奇特、漂亮的根艺。经了解它叫柞木根雕。其造型诡谲、飘逸多姿，空间是一个天然的呈穹形状的根雕底座。

　　我当场就将它收下了。它几乎没有人工雕刻，完全是自然状态。高55厘

米，长90厘米，宽43厘米。这件奇巧诡异形象的根艺，酷似一个神秘的山崖洞窟组成一个酷似神秘的仙人洞。可以摆放饰品。呈现眼帘的是一幅生动的"洞天福地"画面。它让我自然联想起著名的秦岭洞天福地景区。

柞木，常绿大灌木或小乔木，高4～15米；树皮棕灰色，不规则从下面向上反卷呈小片，裂片向上反卷。生于海拔800米以下的林边、丘陵和平原或村边附近灌丛中。产于秦岭以南和长江以南各省区。朝鲜、日本也有分布。生于丘陵、山地灌丛中或村落附近。柞木质地坚硬、纹理清晰，生命力十分顽强，与木雕所表达的蕴意同出一辙，表现了创作者的匠心独运。造型粗犷、手法古朴、层次相错，体现整体上的和谐统一，拥有腾越远古奔放未来的气势与神韵。这在根艺木雕中难得一见的好作品，其整体形象和艺术造诣，是无法用语言表达的。

秦岭洞天福地景区，位于商洛市柞水县下梁镇石瓮子社区，它以喀斯特地质、溶洞群自然奇观，四周山峦起伏，怪石嶙峋，山峰中又天然洞开一处裂缝，丰盈饱满，姿态妖媚，洞中有洞，洞中见天，奇景迭出，步步有景。景区以中国传统"五福"文化为基本要素，融弥勒福地、柞水溶洞、银杏谷、古道岭、终南大峡谷五大游赏板块为一体，核心区的呼应山形似弥勒福佛，为聚气纳福之地，故此称为"洞天福地"。洞天福地原为道家语，指神道居住的名山胜地。后多比喻风景优美的地方。自古以来，修道参禅的人大多选择名山大川，深山之中得以庇居的天然山洞则更受青睐，一是因其远离尘嚣，可静心修道；二是因其集聚天地灵气，对参悟天地之道大有裨益。成为人们所向往的理想而真实的人间仙境，给人以美好的现实憧憬，使人们对美好生活充满信心和期待。

柞木根艺底座不愧是一件难遇的好作品，可能是缘分，那次展览并不是根艺展，而是古典家具展，到处陈列的是古典家具，我是在西厅的一个角落里发现的这件作品，而且是唯一的一件我喜欢的也是难得见到的底座型根艺，当场收下了它。

竹雕笔筒·睢阳五老文会

竹雕笔筒以"睢阳五老文会"为题材，描述的是北宋年间，五位德高望重的老者寄情琴棋书画，文会于河南睢阳的历史故事。

该旧藏竹刻笔筒，是早年间有幸收藏于原西藏路、会稽路地摊市场上。直径8.3厘米，高14厘米。它以深浅浮雕手法雕刻，刀工深峻，而且线条钢劲有力，图案纹饰布满器身。画面浑厚质朴、构图饱满、自然流畅、布局巧妙。房舍、人物、山水、花鸟等俱全。刻在器物之上的人物形象生动，神态各具特性，引人入生；景物雕刻，工整精微，雕刻技艺的精湛，古松参天、苍劲有力、松针细密、枝叶繁茂，栩栩如生。尤以房舍边的镂空竹枝，更显竹林之深远，景色之宜人。大片的留白，给人留下无尽的遐思。描绘了一幅文人雅士们无欲无求、恬静宜人的乡村生活画面。

画面上天穹低垂，白云缭绕，远处茂密的新竹丛深群聚，数竿挺拔成林，树叶层次分明，迎风舞动，生机益然，一棵千年古松苍劲挺拔拔地而起，参天耸立，枝干曲折分杈，松身霜皮重叠，鳞皱密布，松枝蟠虬飞舞，松针团簇聚于枝头，几根古藤盘亘缠绕，从松枝上三三两两垂于枝头。尽显岁月沧桑。枝繁叶茂，相映成趣。在侧面山麓云深处，灵泉沿岩隙奔涌飞流而下，湍急的水流曲折萦回；竹林前一泓池水波光粼粼，怪石围岸，半山坡上，一棵小树顽强

地从山石缝中破土而生，右山坡山下开阔处，一巨大的太湖奇石突兀而立，一老者宽额长须，童颜鹤发，超凡脱俗，从容闲适，身着广袍阔袖的长衫端坐于石凳，面前的石桌上摆放着茶具，老者右手择壶上，左手打开壶盖，释道儒学，旁征博引，娓娓道来，身边一童子则谦恭地伫立其后，神情专注地恭听老者精妙的讲谈，一老者宽额丰颊，束发岸帻，广袍长袖，腰系绅带，左手拄着拐杖，右手轻抚长须，站立桌边，一位老友则倚石而坐，另一位老者正过水桥赶来一起畅叙，有一童子紧跟其后；山崖间，一间草堂方门洞开，门前杨柳低垂，随风飘拂，门外梧桐参天，绿荫掩映；屋旁秀石玲珑，草坪叠翠，尽显江南园林夏秋景象。安详地站在路边，含笑注视着孩童们精疲力竭的憨态，一幅江南世外桃源般的田园牧歌生活画卷。画面中央山石壁空处，字迹清晰柔美，笔力浑古朴雅。

整个画面作者构思巧妙、匠心独具，在有限的表现空间内，利用人物、山石、竹林、树丛、溪流、云彩等具象的重叠交映，勾画出层次丰富、透视深远、生动传神的生活画面，表现出古代文人淡泊名利、处世清高的精神境界。呈现一幅松荫会友、知音偶聚、悠然闲适的场景。特别是在雕刻技法上，它采用了高浮雕、浅浮雕、阴刻、线描等多种娴熟的技法，刀工犀利、线条挺劲、深浅适度、质感强烈；刀法灵动，笔力雄健，有如画笔点绘，生动传神，尽显竹刻艺术的雕工魅力。

竹雕笔筒·睢阳五老文会，是一件雕工完美、品相不错的竹雕笔筒，从器物的完整、刻制技艺、包浆厚重，年龄不小，不愧是一件大开门的好东西，是文人墨客装饰书房的宝贝珍品。

竹雕臂搁·行斗图

　　微雕大师罗安钢以刀代笔，用写意方式创作了竹雕臂搁《行斗图》。臂搁高8厘米，长18厘米，厚1厘米。画面中蟋蟀厮杀争斗的场面相当惨烈，其中一只蟋蟀的小脚竟被打下来了。

　　罗安钢竹雕臂搁"行斗图"，布局合理、构思巧妙，引人入胜。以小写意手法，右面描绘了太湖瘦石、野花异草铺垫，左面微刻题写了一首赏心悦目的古诗，一个幽雅、朴实的秀美景致中，渲染了与挣斗反差很大的环境中，正中间细刻了主题蟋蟀争斗的精彩场面。整幅作品，展现了一幅诗画相配、动静相宜、情景相融、以景托情、寓情于景的生动野趣图，让我们充分领略罗安钢独特的细刻竹雕风采和魅力，彰显了大师的高超技艺。他不仅继承了海派传统竹刻的技艺，而且开创了属于自己风格的写意方式，写意不刻意、简约不简单，写意中展现飘逸，纷繁中回归简约，竹之肌理与书画墨韵相衬。刀下意境，气韵古雅，如诗似酒，格古匠心，贵在创新，显示了精彩的竹刻艺术。中国文人对竹的钟情源远流长，基于竹文化的雕刻工艺，成为了传统文化的重要载体。在平面微雕细刻领域耕耘数十年的罗安钢，其竹雕薄意刻作品兼具江南文人气质与宋画的意蕴，刻画的线条细密纤雅、节奏明朗隽快、画面具有浓郁的诗情画意。

　　竹，不刚不柔，凌霜雪而不凋，挺拔青翠，摇曳多姿，清香袭人，伐而可复生，高风亮节，清风瘦骨，虚心有节。世谓竹如谦谦君子，君子之姿，亦是竹之姿也。宋代苏轼说"宁可食无肉，不可居无竹"，一生以竹为友，看破浮云，隐逸自得，不趋炎附势，也不做无根的浮萍，淡泊名利，以君子之姿践行淡泊人生，活出了令人艳羡的姿态，展现了中国文人对竹的钟情源远流长，并且让竹子成了传统文化艺术的重要载体。

　　臂搁是古代中国文人用来搁放手臂的文案用具。除了能防墨迹沾在衣袖上外，垫着臂搁书写的时候，也会使腕部感到非常舒服，特别是抄写小字体时。因此，臂搁也称腕枕。当然，长短与镇纸相近的臂搁，也可充当镇纸，压在上面，防止纸轻易被风掀起，所以臂搁在文房用品中属于锦上添花的东西，是书房里的奢侈品。

作为传统的竹雕艺术，历代人才辈出，流派纷呈，百花齐放。沪上竹刻艺术家罗安钢先生，是一位长期在平面微雕细刻领域默默耕耘的追梦人。其对刀刻艺术的兴趣，启蒙于童年时代，1975年小学毕业后，被推选进入了上

海玉石雕刻厂工业中学，时龄14岁，便开启了他的艺术之途的生涯，从1978年起从事细刻技艺工作，此后多年旅日游学研究。归国后，他继续从事细刻工艺的研究与创作。在几十年的人生旅途，几经跌宕，但他对艺术的追求始终如初。春去秋来，不息的追求使他在竹雕薄意微刻技艺达到了炉火纯青的地步。胸有成竹的他，在创作时不用打底稿，手中的刀随心所欲，落刀却能稳、准、狠，达到了出神入化的地步。他的许多栩栩如生作品达到了令人咂舌的地步，真是让人赞叹不已。

有山石花草、有野趣生灵。罗安钢以刀代笔，巧妙地通过点、线与面的结合，充分展现大自然旷野恬静气韵与蟋蟀激烈行斗的精彩场面，相互衬托、

相映成趣，近景淋漓尽致的出神入化；生灵的形象在罗安钢的刀下神情各异，细节出神入化。开创了竹雕细刻材料与工艺上的一条全新的道路，拓宽了传统海派细刻工艺的领域，对细刻非遗技艺的传承与发展产生积极的作用。

竹雕臂搁"行斗图"，生动描绘了蟋蟀的争斗场面，亦称"秋兴"、"斗促织"、"斗蛐蛐"。它古来已久，流行于我国多数地区，每年秋末盛行。这就将斗蟋蟀的季节限定在了秋季。而在古代汉字中，"秋"这个字正是蟋蟀的象形。竹雕臂搁"行斗图"也让我重拾了少年时期物质匮乏、生活简朴的那个特殊年代里难忘记忆！

竹雕细刻臂搁·蟋蟀

　　"朱头青项翅金黄，肉腿如同白雪霜。项阔毛燥势头强，白钳玉爪虫中王"这是上海工艺美术大师罗安钢竹雕细刻臂搁中的"蟋蟀"真实写照。

　　臂搁"蟋蟀"高8厘米，长15厘米，厚1厘米。画面清晰、布局合理。写意花草相衬，蟋蟀重青色大圆头，细直透顶的白脑线分外鲜明，项宽长厚，色如白霜，黝亮双翼纹理有致紧抱肉身，四支小爪、两条大腿粗壮且透白，一副齿尖带黑，象牙白钳，一只骁勇善战、常胜将军的态势，它乃上谱名虫"白牙青"是也。它是竹雕细刻作品。

　　物华天宝，人杰地灵，海派沃土，孕育人才。罗安钢1961年上海生人，自幼酷爱艺术，竹刻领域深耕40余年，首创传统水墨刻之技，上海细刻之魂，传薄意微雕之韵。独创写意竹雕技艺和表现手法。以刀代笔，生动形象

地描绘了丰草间蟋蟀铩羽的刹那，侧面勾勒出生意盎然的夏末的美景。展现了蟋蟀特有的雍容雄姿、振翅之势，虽不着墨刻水，但其态呼之欲出，花草以淡墨出之，点、线、面穿插构图颇为讲究。笔法工致，境界新奇而充满诗意，力显神韵有趣，栩栩如生，满目生机，尽在画中，真是将蟋蟀之王——"白牙青"刻画得入木三分、淋漓尽致、呼之欲出。

睹物生情，时光荏苒，它让我回想起少时也曾捕到一只"白牙青"的往事。那是盛夏暑期的一个傍晚，我赴市郊安亭亲戚处捉"赚绩"（蟋蟀），晚饭后小区的冬青树丛边，恍惚传来一阵沉闷、洪亮并夹带沙哑的蟋蟀叫声，我屏住呼吸，观察动静，随声音悄悄走过去，发现一颗冬青树下正有一个隆起的土堆，于是用螺丝刀轻轻挖下去，结果洞里先后跳出两只三尾子（雌），不一会儿，洞口发现两根须在晃动，接着爬出一只硕大二尾子（雄），它不慌不忙、慢悠悠地出来，我似乎怀疑自己的眼光，是油葫芦？是棺材板？再定神看，油葫芦眼睛没这么小，棺材板是扁尖头。嗬，经仔细辨别，惊喜地发现它确实是一只大蟋蟀，那个晚上我兴奋得一夜没睡。回家后，经甄别称重竟达四斟六，此蟀色正，白肉身，体格壮，寿星头，触须长，白斗丝、牙型好，六跳比例合理，蝈蜢腿、尾似针。之后我曾到附近弄堂与虫友们交流，因与我的蟋蟀厘码相差太大，没有对手，后来总算从外区跑来一位高手，对方号称将军虫——"拖关刀"（一只大腿缺爪花），牙厚口重，曾一口咬掉两只爪的战绩，模子相当，于是双方同意开打，两虫入栅、龙行虎步、一着荶草，均八角飞凤。然后起闸，领正，止草，"拖关刀"蹿上来就抢口，凶猛无比，而白牙青沉着迎战，就听得"铮铮铮铮"，两虫瞬间已交了四口。这正是斗蟋蟀的情景，两虫争斗的精彩场面不亚于高手过招。激战中"白牙青"一记死口咬住"拖关刀"的项皮数秒不丢，弹开后，项皮撕裂，米粒水珠冒出，"拖关刀"落荒而逃，这时"白牙青"威风凛凛起叫。以后"白牙青"又先后战胜"淡色面"、"蟹壳青"、"黄麻头"……一路斩将，所向披靡，战绩辉煌，每次出战，场场得胜，直至立盆底。事过境迁，记忆犹新。所以白牙青给我留下了难以忘怀的记忆。

斗蟋蟀已有上千年历史，是一项很普遍的传统活动。据传，始于唐代天宝年间，到南宋，宰相贾似道就是一个"蟋蟀粉丝"，明清时，宫中更加盛行，以至"京人七八月，家家养促织"。明时贾大岭给皇宫寻"斗蟀"，来到山东宁津觅"斗蟀"为贡品。更传皇帝宋徽宗酷爱玩蟀，路过山东宁津行李散了，蹦出蟋蟀。他不禁黯然泪下对蟋蟀说，你走吧，八百年后，你会称雄华夏。故事虽带有传奇色彩，但说明中国虫文化底蕴深厚。有人说，"斗蟋蟀"是一门国粹，如同西班牙斗牛。风行两千多年前，列花鸟鱼虫四大雅戏中。如今，中国部分城市及东南亚地区已形成蟋蟀热。蟋蟀协会、市场应运而生。北京、天津、上海、广州、香港等大都市，都有规模不等的鸣虫市场。赏玩鸣虫作为娱乐活动，多少可以折射出现代人渴望返朴归真的意趣。

竹雕细刻臂搁·渔艇图

竹雕细刻臂搁"渔艇图"，以刀代笔，融入中国国画的元素。臂搁高15厘米，宽4厘米，厚1.2厘米远山。近石，草木，溪中小舟，后撒网，前撑舟，芦苇草丛，落款"仿元人秋溪渔艇图"采用老红木制作随形架。

此画描绘的是危岩欹树，下临溪水，上远方山峦层叠群峰，溪岸夹桃，落英缤纷，绿树苍翠。在表现方法上，比较粗健，用简练概括的手法表现远近溪山，轻舟横渡旷野之景。中间则以浓墨重彩描绘深壑幽谷中木叶尽脱，枯树槎枒交错，枯藤婉转下垂，中下方细绘，溪中一舟沿溪而行，有两人，舟头一人撑杆划，舟尾一人撒网捕鱼。下方是巨石和水草，芦苇、茅草丛生，坪草错杂，作者自题"仿元人秋溪渔艇图"，全图布势爽朗，在画法上受水墨传统表现的影响，笔墨有所放纵，形成了自己的面貌。主要特点是山石用大斧劈皴染，勾斫皴擦

多以方笔，干湿并用，泼墨、破墨兼而有之，劲健粗放，墨气淋漓。整幅作品富有节奏感，近处的山石和小舟的浓重笔墨和远处的一抹淡化之景相互映衬，形成了远近之势的鲜明对比。有一份自然的野趣，信笔所至，情出意外，画法与造境突现而出、相映成趣！

竹雕也称竹刻，是在竹制的器物上雕刻多种装饰图案和文字，或用竹根雕刻成各种陈设摆件。竹雕是一种艺术，自六朝始，直至唐代才逐渐为人们所识，并受到喜爱。中国是世界上最早使用竹制品的国家，所以竹雕在中国也由来已久。竹雕在中国工艺美术史上独树一帜，它的历史源远流长，远在纸墨笔砚发明之前，中华先民们已经学会用刀在柱子上刻字记事。这种最原始的竹雕，应该先于甲骨文。而所谓竹刻记事，最初刻的仅仅是符号。远古时期，我国中原、北方地区不生长竹子，所以用兽骨来刻写，南方盛产竹，就将符号或文字刻在竹上了。中国竹雕艺术的源头，早在商朝以前就已出现，这是毋庸置疑的。也是中华民族宝贵的艺术财富。

罗安钢竹刻渔挺图，多现河塘野景，草繁叶茂，水光拍天，是一幅青绿山水面画，具有南宋工笔画的艺术特色。画面中处处焕发着勃勃生机，洋溢着无边的春意。《春山渔艇图》表现了作者积极乐观的人生态度，是南宋山水画中的经典之作。此画将一望无际的山峰罗列于江岸，挺拔陡峭，险峻之极。山头用竖直细线皴出，也就是"峰头直皴而下"，用笔之挺劲突出了岩石坚硬锋利的质感。山坡上，楼阁精致，树木峥嵘；两山间，潺潺的溪流由近及远婉转地汇入江中。平静的江面上有一只渔舟游弋，上面忙碌的人像是在捕鱼。所有的景物都被描绘得既自然又贴切，显得那么和谐。

罗安钢竹雕细刻臂搁"渔艇图"，方寸毫厘之间，仿佛藏纳了一个浩大的天地。中国的文房器物，常以精致闻名，以雅致见长，虽多为寻常小器，却有千般花样，万般精巧。虽为小器，实有大雅。文房之趣——小器大雅。文房，顾名思义，即是文人的书房，在今时，它不仅限于文人的专属领地，而是一处安静清雅，远离喧嚣和烦扰的所在。文房器具种类繁多、材质多样、情趣各异，不似庞然而观的重器大物，文房雅玩俱是小巧奇特、工艺精致，适于手中把玩的"小物"，茶席间、书案上、角落处，这些看似不经意的点缀，展现了主人风雅的格调、从容的心境，让我们即便藏诸市井之中，亦可得隐逸之趣。

紫光檀雷击木·情侣峰

雷击木，又名雷劈木，雷惊木。是指在正常生长的树木，被雨天的雷劈到的那部分木质，也就是受到了雷击的木头，这种木头因为被雷击中过，所以比较通灵气也更显神秘，目前来说在雷击木中，最常见的就数天然雷击枣木了，它又被称为雷劈木、辟邪木，天然雷击木是道家法术中至高无上的神木，给人们带来了神秘的感觉。《万法归宗》,《道法汇元》诸多经典中都将雷击枣木作为制作法器的第一圣木。

雷击木因其特殊的形态和象征意义，成为了艺术品和风水摆件的珍贵材料。雷击木本身就是一件自然的艺术品，其独特的纹路和形态使其成为许多艺术家和收藏家追捧的对象。雷击木可以被雕刻成各种艺术品，如雕塑、摆件、挂饰等，展现出独特的自然之美和文化内涵。

国家根艺大师孙新的老家就是在福建连城县，那里的地势较高，岗岭重叠，群山起伏，峰壑纵横，丛林密布，为全国重点林业区。为连城根艺事业的发展奠定了丰富的资源基础。孙新有幸在这"根艺世界"中生活成长、发展，他不甘于这个良好的环境之中，从小外出闯荡学艺，被一代根艺宗师屠一刀收为首位入室弟子，并成长为中国根艺大师，作品创作无数。他的作品特点，强调"原汁原味"保留根料的原生态，反对动刀，他的作品几乎很少用刀，而且，一品一名、一品一行、一品一意，以他的奇思妙想，打造了无数的根艺好作品。

这件紫光檀雷击木"情侣峰"，高68厘米，宽42厘米，长50厘米。紫光檀的体表和纹理清晰可见，两位恋人含情默默，相对而视，他们被紫色的婚纱披盖着，细腻雷击木似乎为情人的肢体，隐含了耐人寻味的思绪。组成了一个完美的情侣峰，惟妙惟肖地展现给人们，它的姿态不禁让观者一时辩不清神话传说与人间真情，此时，人们也会展开想象的翅膀，让美好甜蜜的诗情画意弥漫其心灵之中。

　　观赏紫光檀雷击木"情侣峰"不仅是一次美妙的根艺视觉享受，同时也是一次让人回忆曾经沉醉于满山滴翠的自然风光，使人心旷神怡的情景，回味大自然中曾经遇到过的激动！

伴泥同行

扁壶状彩陶瓶

呈扁壶状彩陶瓶，高30厘米，"O"形口，口径6厘米，胸径29厘米，底径19厘米。右侧上至下，由竖黑线纹衬底，托现一朵绿牡丹花卉，左侧下至上，由竖黑线纹衬底，呼应一朵绿牡丹花卉，镶嵌中间则是一道浅灰色随形缠枝纹。整器自然流畅、色彩淡雅、造型别致。

邱玉林，中国陶瓷艺术大师、高级工艺美术师、江苏省陶艺专业委员会副主席，1977年江苏宜兴陶瓷轻工业学校装饰专业毕业，1991年入中央工艺美术学院陶瓷大专班进修，现任宜兴彩陶工艺厂彩陶艺术研究所所长。

近三十年来，专研宜兴现代陶瓷，并在泥料、釉料、烧成等方面不断探索，首创了彩釉画花、彩釉喷、划、填、挑综合装饰、玉珠釉装饰等多种装饰新工艺，开创了现代彩陶扁、尖、异形造型的独特风格，为宜兴陶瓷造就了一个特色品种，创出了一个市场流行品牌，也为其他陶瓷创作设计提供了借鉴艺术。在彩陶造型方面，开创了扁、尖、异器形形态，在装饰方面开创了挑、划、填、喷、绘、形饰一体等几十种质感的外观效果，作品先后在全国陶评中多次获金奖，先后被"国博"、"首博"等博物馆收藏，2002年被评为无锡市有突出贡献的中青年专家，2003年获全国"五一"劳动奖章。

彩陶罐

　　宜兴丁山，是我每次光顾陶都必去的地方，途中必经之路我总是先要到中国工艺美术大师邱玉林的陶艺馆去逛一下，邱大师待人和善，认真介绍，每回去总要收下不少东西。这件仿古陶艺，我先后曾买了不下十件，大多用于馈送人之用。

　　该瓶呈球形状，口径10厘米，胸径19厘米，底径10.5厘米。采用仿古风格，单色釉加手工浮雕、浅刻等多种技艺手法而制。刻有古人、烧柴等简洁画面手法。瓶体圆融和谐，朴素的装饰格调，古色古雅，神韵非凡。

　　邱玉林，中国陶瓷艺术大师、高级工艺美术师、江苏省陶艺专业委员会副主席，1977年毕业江苏宜兴陶瓷轻工业学校，1991年入中央工艺美术学院陶瓷进修班，现任宜兴彩陶工艺厂彩陶艺术研究所所长。

　　几十年来他坚持以彩陶传承、创新为己任，用自己的理智、信念，开宗立派，引领宜兴彩陶升挡换代，使传统日用彩陶器产生了颠覆性的改变，并成为了宜兴陶都的一大艺术特色。

　　邱玉林在彩陶的创新设计中融进了传统文化，融进了时代气息，融进了人生哲理，融进了执着追求。他的彩陶艺术不是单一风格，而是揉进了金石、浮雕、彩绘、书法、浅刻等多种技艺手法，使之丰富多彩，百态千姿。

　　彩陶，发端于新石器时代，距今约有六千至七千年。造型以葫芦形的壶、钵、盆、瓮、罐等为主。彩陶的发展经历了从古代彩陶到彩釉陶器，直至现代艺术彩陶的漫长变迁过程。彩釉陶器是一种传统的单色釉的陶瓷器Ⅲ，几乎没有什么艺术装饰。直至彩陶的装饰手法发生了根本的变化，带来了现代色彩，产品装饰也从一般的装饰成为与造型艺术紧密联系的一项艺术活动，形成了秀雅古朴、明快新颖、雅俗共赏的陈设艺术陶，就是现代艺术彩陶。

　　应该说传统陶瓷从原来没有上釉的一种陶器到后来是有绘画的装饰陶器，

再到后来又是有釉的装饰陶器，它几乎是随着时代在变。最早的彩陶，起初是作为礼器、祭器，彩陶那个时候的图案设计、设计理念，可以说和现在没有多少差异。现代彩陶，结合了宜兴很多传统手工工艺的特点。像雕刻工艺，紫砂也在用。很多陶器上也用雕刻。宜兴不像景德镇的陶瓷装饰，大部分采用手绘、毛笔绘装饰方法，而是大多采用刀雕方法，它继承了宜兴装饰这个传统风格。

彩陶异形瓶

　　多年前到宜兴觅陶艺，在顶蜀镇尚未到达之前，途中见到"玉林陶吧"我带着好奇心下车顺便参观一下，那时店内冷冷清清，邱玉林老师也在场，于是带我参观介绍了下，当时馆内主要内容为陶艺，尤其是各种款式的彩陶瓶。

　　该瓶整体呈橄榄型，口径9厘米，胸径22厘米，底径12厘米，高40厘米，陶体内外都已上釉。

　　我在他的引导下，选购这款刚研制生产的异形瓶，它呈人体上身状，瓶口为衣领状，随着是脖子、胸，瓶身的图案别出心裁，瓶身底色为深咖啡带暗纹，似乎套着一件马夹，颜色为淡灰色上抽象型花，底部四分之一部分，也是这种花形。

　　邱玉林老师，专研宜兴现代陶瓷几十年，并在泥料、釉料、烧成等方面不断探索，由他创造了彩釉画花、彩釉喷、划、填、挑综合装饰、玉珠釉装饰等多种装饰新工艺，开创了现代彩的扁、尖、异形造型的独特风格，为宜兴陶瓷造就了一个特色品种，创出了一个市场流行品牌，也为其他陶瓷创作设计提供了借鉴艺术。其设计创作的作品在国内各类评比中四十多次获奖，作品、论文在国内多种报刊、杂志上多次发表和报导，并有作品被众多陶瓷爱好者收藏。先后被评为宜兴市学术、技术带头人，无锡市优秀科技工作者，无锡市劳动模范，无锡市有突出贡献的中青年专家。

　　喜欢收藏的我，其中瓷陶艺也是一项，宜兴的陶艺我主要收藏各种陶艺小摆件或茶壶，而花瓶类很少，因为花瓶类的东西当属瓷都景德镇了，这是任何地方不能撼动的，也是收藏人皆知的事。

124

彩陶直筒瓶

仰韶文化中，有一种直筒形瓶，上下略收，中间稍鼓，它高37厘米，口径13厘米，胸径17厘米，底径11厘米。瓶体以黑白相间竖形纹作底色，正反两面由黑底白字作图案，上面镌刻着甲骨文字样的图案，器型简洁、大气、古朴，装饰图案素雅，加上甲骨文，颇具古色古香、返璞归真的韵味。

这件陶艺，是多年前在宜兴的"邱林陶吧"觅得的。主人邱玉林，当时还是省级工艺大师由他介绍推荐的。现为中国陶瓷艺术大师、高级工艺美术师、江苏省陶艺专业委员会副主席，近三十年来，专研宜兴现代陶瓷，并在泥料、釉料、烧成等方面不断探索，首创了彩釉画花、彩釉喷、划、填、挑综合装饰、玉珠釉装饰等多种装饰新工艺，开创了现代彩陶扁、尖、异形造型的独特风格，为宜兴陶瓷造就了一个特色品种，也为其他陶瓷创作设计提供了艺术借鉴。

出于对瓷陶的爱好，我收藏了不少国内外的瓷陶艺术品，国外的主要是西班牙的雅致瓷艺，国内主要是景德镇的各种花瓶和日用器，还有广东佛山石湾镇的各类公仔摆件，福建泉州德化的也有不少。宜兴我曾经去过多次，但是那里最出名的当数茶壶和陶艺小件工艺品了。

由于以上原因，所以陶瓶收藏不多，仅仅是充数而已。彩陶直筒瓶的收藏，可以证明我的收藏时间已经不短了。我估计这三件作品见到的人并不多，作为一名跑遍上海市场的爱好者来说，至少在上海是没有见到过这样的东西。

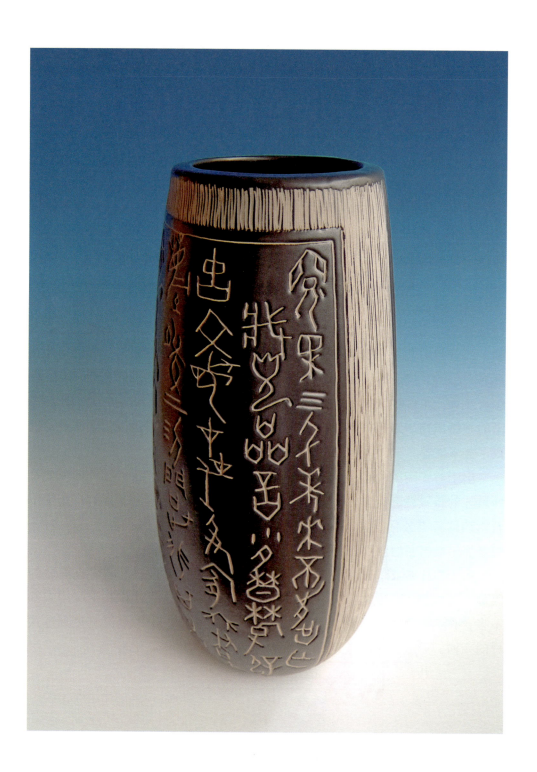

瓷雕·吉祥如意

　　该作品为生肖瓷雕，长31厘米，高27厘米，宽12厘米。为中国工艺美术大师设计、监制。江西省陶艺研究所出品。

　　熊钢如，1941年出生于江西丰城河州乡，室名"半墨斋"，工作室就位于景德镇市珠山区三宝路。景德镇陶瓷名家辈出，熊钢如的工作室和其他艺术家的工作室差别不大，幽雅而宁静，整个工作室就是他的私人创作天地。

　　"羊"、"祥"通假。西汉大儒董仲舒有云："羊，祥也，故吉礼用之。"在

成语和许多民间艺术中，也多以羊代表吉祥。如"三阳开泰"。《易经》以正月为泰卦，三阳生于下。冬去春至，阴消阳长，有吉祥之象。故以"三阳开泰"为岁首吉祥之语。而"羊"在古代与"阳"通用。因此也作"三羊开泰"。

羊是人类最早驯养成功的家畜之一，在古代六畜中占其一。我国，早在七千多年前的河姆渡文化中就出现了陶塑的羊的形象。在五千多年前，养羊已成为北方地区普遍的生产门类，在仰韶、红山、马家窑等文化遗址中都出现了羊的骨骸，说明这一时期，羊已是一种常见的随葬物了。

自人类进入文明起，羊就与文化密不可分。商周时代，羊是和食用的主要家畜之一，不少青铜器上都有羊的形象，在湖南的宁乡、湘潭、衡阳等地出土了直接以羊为造型的商代青铜尊。到了汉代，养羊业更加兴盛，还涌现出专门的养羊专家，河南人卜式，牧羊十余年，养羊千余只，因养羊出名而拜官，并写出了专著《养羊经》。

论起羊对人类的贡献，羊首先给人们提供了丰富的衣食，羊肉、羊奶、羊皮、羊毛等成为人类生活的必需品。汉字中的"鲜"字就是由"羊"与"鱼"组成的。先民们在渔猎时代就捕猎野羊为食物，羊成为家畜之后，为人们提供了稳定的食物。《周礼·天官》记载："春行羔豚，膳膏香。"《礼记·月令》记有："食麦与羊"。《梦粱录》记有南宋都城临安名食"羊饭"、"羊血粉"等。《周礼·天官》曰："司裘，掌为大裘，以供王祀天之服。"郑玄注："大裘，黑羔裘，服以祀天，示质。"还记有"良裘"、"功裘"等，都是羊皮做成的不同等级、不同用途的皮袄。《诗经》郑风和桧风中都有以"羔裘"为题的诗。

羊象征着吉祥，祥瑞，是一种美好的象征。它是一种温顺性格温和的动物，因此它被赋予了一种好运的象征。从古代开始，羊和人们朝夕相处，产生了深厚的感情，深受人们的喜爱。古代早骨文中的"美"字，就是头顶大角之羊形，它象征着美好的意思。动画片中的喜羊羊，美羊羊，还是沸羊羊，懒羊羊，它们都是羊类的代表，都是温顺可爱，聪明勇敢的，正是这种精神才受到观众的喜爱。瓷雕"吉祥如意"不愧为一件难得的、寓意深刻的，充满美好含义的瓷艺摆件！

瓷艺·白兰花

　　走进石湾公仔街一爿"红色陶瓷馆"，中间摆放着一排精致靓丽的瓷花：莲花、水仙、茉莉、梅花……不论是形、态、神、韵、色，与鲜花几乎没有差别，逼真程度令人咂舌，我被深深地吸引了，它们的工艺精细、线条柔美、神韵独特。我是瓷艺收藏者，收藏、谙熟中外品牌瓷艺，从英国（Wedgwood）、法国（GIEN）、丹麦（Royal Copenhagen）、日本（NORITAKE）、西班牙LLADRO（雅致）等瓷器，凡瓷偶带花的比不带花价格更昂贵，但并不胜广东瓷艺，我相中了柜上的白兰花。

　　白兰花为常绿乔木，花白色，极香；花被片10片，披针形；雌蕊心皮多

数，成熟时随着花托的延伸，形成蓇葖疏生的聚合果；花期是4—9月，通常每年的五六月或七八月夏季盛开。花洁白清香，花期长，叶色浓绿，原产印度尼西亚爪哇，现广植于东南亚。中国福建、广东、广西、云南等省区有栽培，长江流域地区多盆栽，在温室越冬。

作者蔡灏泓为70后，潮州市工艺美术大师，自幼喜爱陶瓷艺术，师从号称"南国花魁"的广东省工艺美术大师王龙才，为陶瓷界的翘楚，擅长通花、瓷花创作，曾参与国礼"友谊通花瓶"的制作，其作品"春色大花篮"现仍陈放在北京人民大会堂。创制的瓷花薄如蝉翼，下水不沉，落地不碎，被叹为一项神技。蔡灏泓深得师傅真传，在他的手中，硬而脆的陶瓷变得柔而软，所创制的瓷花，几乎达到了以假乱真、出神入化的境界。

对于上了年纪的上海人来说，过去每逢夏天，上海的街巷里弄就会响起"栀子花、白兰花"的叫卖声，人们就知道夏天来了。穿着布衣的阿婆，挎着竹篮，用软糯的吴语话叫卖。娇嫩的花朵被湿布遮盖，阵阵花香，弥漫了整个城市。不时有人停下脚步，蹲下来向阿婆买花。存放的妥当，甚至可以保存三四天呢，即使花黄了依旧芳香。在不少老上海的回忆中，一件斜襟旗袍，一束白兰花，可以说是时髦小姐、太太的"标配"。白兰花、栀子花特殊的香味雅致、清新，让人倍感清爽。在我们记忆中那些充满花香的夏天，是多么美好却又短暂，转眼已到了立秋，珍惜与夏天的最后一段时光，去寻觅这一丝芳香，留在心底。

不论儿时的回忆，还是成年后的怀旧，都会感觉，这才是"老上海的香味道"。白兰花除了美丽的外表，它的应用价值也很广泛。它含有芳香性的挥发油、杀菌素和抗氧化剂等物质，制作出的香料对美化环境、净化空气、香化居室有着独特的作用。另外，它还是一款天然的美容护肤品，被作为活性成分应用于化妆品领域。

白兰花的寓意和花语是纯洁、高贵和真挚美好。蔡灏泓真是妙手生花，其瓷艺花"薄如纸、细如丝、匠如神，功如真"。不愧为自然与智慧的融合，企及巅峰的心性无所不至，在国内独树一帜，在世界上也是引以为自豪的佳作。给我古镇石湾此行带来了一份惊喜！

瓷艺·荷叶盘

　　这件瓷艺"荷叶盘"是十年前的一次展会上觅得的。它以荷花叶瓣造型设计制作而成。色彩清丽，线条流畅，造型美观，既可作花器的底座，也可当存放水果盛器等之用。

　　它长40.5厘米，花瓣宽21.5厘米，高9厘米。荷花瓣，宽大，短而厚，侧萼片左右平伸，基部较窄（俗称"收根"），稍向内卷曲。尖端较钝。花瓣无兜，形如蚌壳，纹理清晰。唇瓣长而宽，先端稍向内反卷。荷花与佛教有着千丝万缕的联系，佛教认为荷花从淤泥中长出，却不被淤泥污染，又非常清香，故认为莲花是报身佛所居之"净土"，因此佛教中的释迦牟尼、观世音

菩萨均坐于莲花之上。但佛教中所指的"莲花",还包含了同科睡莲属的睡莲,它与荷花的主要区别是叶浮于水面而不挺出水上,叶为卵形,基部开裂呈箭形,子房与花托合生。荷花叶柄圆柱形,密生倒刺,花苞高托水面之上,有单瓣、复瓣、重瓣及重台等花型;花色有白、粉、深红、淡紫色或间色等变化;花期为6月~9月,每日晨开暮闭。果熟期9月~10月。

荷花的片片花瓣,既像一叶叶扁舟,孤零零地漂在水面上;又像一个个汤匙,中心凹陷,两边翘起,呈椭圆状,顶部较尖。多枚花瓣层层叠加在一起,就像手掌一样,轻轻捧住金黄的花蕊。它的颜色既像少女的脸庞,白里透着粉嫩,又像天边的晚霞,绯红闪耀。不仅看上去很美丽,摸上去也是一种享受,那滑嫩的表面透出亮丽的光泽,条索纤纤,摸上去如丝绸一般柔滑,让人有陶醉的感觉。

瓷艺"荷叶盘",通过艺术家丰富的想象能力加上精湛的技艺,形象地将荷花的美丽融入了瓷艺中。现代陶艺是为现实生活服务的,艺术品既是物质产品,又是精神的产物,是一门古老的艺术,又是现代艺术。陶艺家不断探索创新、承先启后,文化内涵不断扩充。注重表达对社会、人生、自然的关注,寄托了艺术家的文化理念。陶艺家以不拘一格的艺术风格创造出来的陶艺作品,体现出旺盛的艺术活力。

德化瓷艺·独钓一江春

　　德化瓷艺"独钓一江春"，是多年前觅之于上海世贸商城一次茶博会上，它造型别致、工艺精湛，采用德化白瓷而制，其实它是一款香插，包装相当考究，采用锦盒包装。

　　该作品，长30厘米，宽8厘米，高14厘米（连座）整器构思巧妙，制作精良，表现了岸边泊有一只小舟，舟尾坐着一位肩披斗笠，身穿蓑衣的老渔夫，表情轻松愉悦。衣衫单薄，袖管高高挽起，尽显渔夫对满江的春意，充满着欢喜与期待。作品以香柱作为垂钓者的鱼竿，在某种程度上启迪着人的心智，空空的手中插上一炷香钓竿，燃之，静观香烟弥漫，细品人生无常。香燃则钓竿无，这从无到有，从有到无的变化过程，恰恰阐释出人生中最高的禅悟境界。渔翁身后还置一竹编箩筐，其静穆忘我的神态，仿佛已被融入了这无边无际的春江之中。体现了作者高超的艺术表现力。

德化为福建省中部，出产白瓷，与江西景德镇、湖南醴陵并称，齐名为中国"三大瓷都"。德化瓷器始于宋代，已有一千余年的历史。明代就形成了自己风格，清代进一步得到发展，其艺术品相继在上海、台湾、日本、英国的博览会上荣获四次金奖。20世纪50年代以后，德化瓷器在继承传统工艺的基础上不断创新，烧造的传统瓷器品种发展到390余种，现代题材的产品也日益增多。

德化瓷雕塑是对于其他艺术门类的兼收并蓄，是民族文化的积淀。它的形象刻画吸收石窟艺术的养分，它的衣纹处理深得中国画衣线造型的神韵。在明代，德化的雕塑大师何朝宗总结前人的制作工艺和烧成经验。选用德化优质白瓷土为原料，综合石刻、木雕、泥塑的技法特点，吸取唐代佛像画家吴道子的作风，开创了捏、塑、雕、刻、刮、削、接、贴的八字技法，使作品更为完美、丰富。德化瓷艺"独钓一江春"不仅是一件美观的摆件工艺品，而且还是一件实用的香插器。

仿古釉·唐马

　　这对仿古釉"唐马"是在陶都石湾南风古灶右侧的一家叫"陶意里柴烧工作室"店里觅得的。踏进门我就被它奇特造型和迷人的釉彩深深地吸引住了。

　　它是一对唐马，上体为浅灰色，下体呈墨绿色，应属仿古变色釉。它们昂着头，竖着双耳，微张着嘴，体型彰显膘肥健硕，它是盛唐的体现。（公马）长16厘米，宽10厘米，高19厘米，（母马）长13.5厘米，宽8厘米，高14.5厘米。全身透着富贵和温润美好的气息形象，再现了盛唐余韵，它们散发表达了人们心中对美好生活的向往。

　　作者曾伟翔，毕业于景德镇陶瓷学院，全手工制作，柴烧的纹理、釉色奇异独特的唐马。作者在雕塑马时，有意将马的躯干部分特地进行夸张和变形，使得马的整个形体更具完整性和时代特色，唐马看起来，大多体型是臀部浑圆，膘肥体健，矫健饱满，浑身透露着一股富贵之气。它以不一样的感受，令人们啧啧称赞，难怪这对唐马荣当成为今年石湾公仔街陶艺展的海报"代言人"、广告"模特"，吸引着来往的游客。

　　唐马指的是盛唐时期的马，唐朝时期国家繁荣昌盛期，贞观之治开元盛世更是

将唐朝推向盛世，百姓生活富足，人们更是以体态丰腴为美。所以，以胖为美是唐朝审美的一大显著重要标志，而唐马也是依照唐朝以肥为美的审美理念所设计的。马高大威猛、标志着飞黄腾达奋力向前，象征着人迈着稳健的步伐迈向成功，创造出事业上的辉煌成就，唐马也寓意飞黄腾达、大业有成。

当看到唐马时，人们就会联想到丰衣足食，生活美满等积极向上的词汇。所以人们也以唐马寓意对美好生活的期望。因为唐马本身的价值和地位，唐马更是被给予了财源广进，卓越非凡等寓意。马在中华民族的文化中地位极高，具有一系列的象征和寓意。龙马精神是中华民族自古以来所崇尚的奋斗不止、自强不息的进取向上的民族精神。祖先们认为，龙马就是仁马，它是黄河的精灵，是炎黄子孙的化身，代表了华夏民族的主体精神和最高道德。

唐朝的审美观以肥为美，唐朝的马，也同样如此。当然，这个"胖"不是肥大，而是丰满与圆润。圆润的马让人看到这样富态的马，会感到富贵吉祥，孩子看到这样富态的马，会感到十分可爱。

纵观历史，唐马似乎是大唐盛世各个阶段不可或缺的组成部分，自然也就成了各位敏锐的艺术家争相创作的主题。它寓意一种繁荣富强的社会状态，象征着美好，稳定生活景象。当下，高考刚结束，"春风得意马蹄疾，一日看尽长安花。"创意美好的唐马预示、祈福着学子们、"马到成功、倚马可待"今人这种唐马的样式，让马浑圆丰满，仿佛盛世唐马如飓风穿越遥远的时空奔腾而来，带来繁荣与稳定，有一种盛世情怀。

汉画像石陶瓶

此瓶是多年前在沪太路国际茶城的三楼，一家陶艺铺觅得。它是产自于江苏宜兴，它的装饰风格特别，不同于常见陶瓶的艺术风格，而采用了汉画像石方式的图案绘制而成，带有浓厚的历史传统风格，所以当场我被它深深地吸引了。

口径14厘米，胸径24厘米，底径13厘米，高33厘米。在瓶身中央刻有一幅汉画像石图，背面并以草书刻有古训《增广贤文》中由我国唐代著名诗人、杰出的文学家、思想家、韩愈的一句治学名联题词："书山有路勤为径，学海无涯苦作舟"。韩愈的这句话意在告诉人们，在读书、学习的道路上，没有捷径可走，没有顺风船可驶，想要在广博的书山、学海中汲取更多更广的知识，"勤奋"和"潜心"是两个必不可少的，也是最佳的条件。作品不仅图案画面漂亮，而且文字语意深刻，不愧是难得的好作品。它的瓶身上下都布满了对称、呼应的多种纹式图案，给人感觉作品工艺精湛、构思简洁、彰显大气、高雅，式样古朴、别具一格。

汉画像是汉代人雕刻在墓室、祠堂四壁的装饰石刻壁画。它在内容上包括神话传说、典章制度、风土人情等各个方面。在艺术形式上它上承战国绘画古朴之风，下开魏晋风度艺术之先河，奠定了中国画的基本法规和规范。汉画像石同商周的青铜器、南北朝的石窟艺术、唐诗、宋词一样，各领风骚数百年，成为我国文化艺术中的杰出代表和文化艺术瑰宝。

我那次赴茶城，特意是去买茶叶的，而偶尔看到店内有陶艺，顺便进去参观的，想不到让我十分满意，于是便收下了这件陶艺瓶，成为我意外收到的一件藏品。

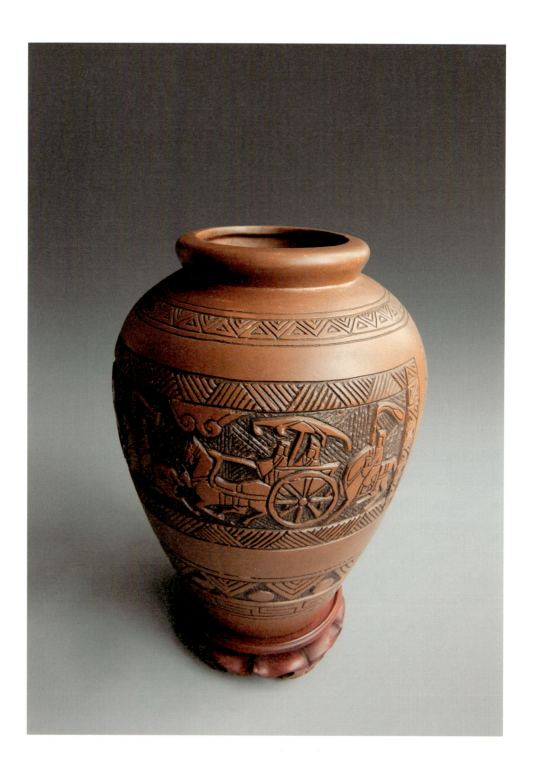

青花瓷·山村韵色

　　青花瓷"山村韵色"这件瓷瓶是多年前在南京东路上的陶瓷精品商厦三楼收下的。高47厘米，口径19.5厘米，胸径30厘米，底径15厘米。

　　画面呈现的是一幅山村美景图。参天的大树、枝茂叶绿围绕着整个雨后的山村，细雨飘渺浸润的山村，潺潺的溪水从房屋前流过，使黛瓦粉墙寂静的山庄掀起了一阵波澜，穿过石板桥流入村后的大河里，润雨柔柔飘散落红尘，青舟摇橹荡水波，听春丝敲叶滴浓情，那一帘的幽梦撩起烟雨飞，随风摇落一地，一池的花水溢出湿庭院，漫过那石孔桥，这碧水的庭院琉璃色，和那烟雨缭绕水中镶嵌的古村落，锦缎的绿墙，那翡翠色的雨丝令人魂牵梦绕，这记忆犹新，穿梭在流年的幽巷里，天空中飞翔着不少鸟儿，将这一帘的春韵泼墨成江南的春绢，缱绻在缠绵的光阴里吟诗赋画。春色融融山村，在青柳飘飞的日子里，将最美丽的情思梳理成烟雨里飘飞的思绪，满城的茉莉清馨淡雅点缀枝上，野花羞垂，柳青垂舞，一缕沉香漫过心头，烟雨中山乡女子漫步在青石桥上，石桥下流动着潺潺的溪水，流入静静的河面，一弦的清音柔美缠绵轻落在绿水浪舞的草堤，遥看一帘的韵色，绿树满山，层层叠叠，铺满青黛，念念烟波，那银色的浪花在阳光下飞舞，一塘的春水淌过潮湿的流洞，湿瓣沾了青苔，一缕青烟化作春雨，如柔絮轻轻穿透蒙蒙的雨雾，袅成一幅如梦的影像沉溺在韵的诗头相思，一阵清风漫拂花香满亭，岁月如风吹皱了流年，流淌着沧桑的韵味，岁月如歌沉缀在枝头吟唱，听风吟春，纷飞的思绪飘起。湿了绣花巷青石板，湿了轻轻的心篱风中飘起，看着鲜花绽放渲染，撑着那把油纸伞在雨花中轻盈地走着，那绵柔呢吟的默念，苗条身姿如醉如痴。风如此缠绵清馨，沁心扉，带着淡淡的芳香迷情，悄然飘至；烟雨如此朦胧，如此梦幻，欲滴拍打着枝叶，那烟雨从山峦中袅袅升起，美轮美奂让人动情；山村的水清澈见底，似一湾山泉爽滑，像一条绸缎，

　　花开的最艳，漫山遍野娇艳迷人，点缀于繁华过往的坡道，花香弥漫着山中；穿过那石桥洞，浪花弄湿了青青的河边草，一群野鸭嬉戏游过，仿佛看到了雨雾中的青石板，河水欢愉荡绿波，这多情的水花欢愉撩醒了沉睡的鱼儿。

　　青花瓷"山村韵色"，细水流声，穿梭在千年的山乡，青青的茶垅，翠绿的竹海，小楼翁亭，琉璃瓦舍，池塘的水草浮萍，后山的桃园映入眼帘，一览秀色迷人景色让人如痴如梦。温一壶上好的清茶续杯，一盏茶香掠过心尖，诗一般的山村韵从心中升起，整幅画面给人以美的享受，让人回味无穷。

青花陶塑瓶

　　繁华的城隍庙，不仅是传统文化的游览地，更是我这个收藏爱好者经常光顾的去处。青花陶艺瓶是在九十年代末，我在当时方浜中路的原藏宝楼二楼景德镇商人处觅得的。

该瓶是青花加陶塑结合的产物。器型呈上小下大椎形状，瓶口径11厘米，底径17厘米，高26厘米。它的工艺取巧，瓶身简洁、勾勒施以青花釉里红随形红叶，并采用浮雕、浅雕等手法，以繁体加篆体字，书写了"文坛香溢 艺苑华荣"两幅大字。增强了陶瓶的艺术和美感，让我一见倾心。它的体量适中，既可做装饰花瓶，也可适合当文房文具和笔筒之用。

青花陶塑瓶的历史悠久，它是起源于兴隆洼文化的陶质雕塑艺术品，兴盛于秦汉时期，代表作品为秦兵马俑。制作上采用模、塑结合的手法，运用塑、捏、堆、贴、刻、画等多种技法制作而成，以后随着时代的发展，艺术手段不断创新，它的工艺愈来愈精湛，东西也愈来愈精彩。

现代陶艺是物质产品，又是精神的产物，是一门古老的艺术，又是现代艺术。它的发展是一个推陈出新的过程。在这个过程中，陶艺家不断承先启后，文化内涵不断扩充。注重表达作者对社会、人生、自然的关注，寄托了艺术家的文化理念。陶艺家以不拘一格的艺术风格创造出来的陶艺作品，体现出旺盛的艺术活力。青花陶艺瓶的觅得成为我瓷陶收藏一朵不可多得的奇葩。

秋吻之山

多年前我在城隍庙藏宝楼阁楼层收到这件釉上彩"秋吻之山"瓷瓶，它口径21厘米，胸径30厘米，高43厘米，底径17厘米。

整器画面以红色基调渲染为主，暗示秋天满山映山红，泛指红色的杜鹃花。杜鹃花是中国十大名花之一，唐朝著名诗人白居易的诗就描绘得非常好："闲折二枝持在手，细看不似人间有。花中此物似西施，芙蓉芍药皆嫫母"、"回看桃季都无色，映得芙蓉不是花。"秋天已然到来，杜鹃花在阳光的映衬下十分美丽、妩媚动人。远远看去就像一群彩蝶在空中翩翩飞舞。那红色的花儿，看上去格外鲜亮，那种灿如云霞的红艳，格外引人注目。真是看万山红遍，层林尽染，呈现了一个"百里杜鹃盛世红"的奇观，令人叹为观止。煞是漂亮。在群山的环抱之中，作者又以点睛之笔，细腻地工笔书法，描绘了一个繁花似

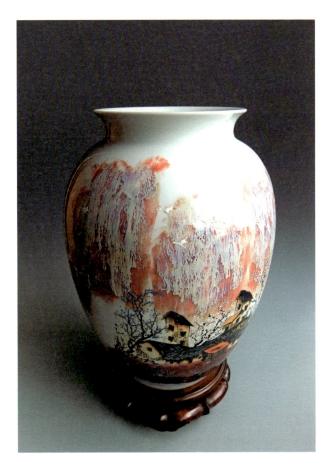

锦，树木繁茂，寂静的小山村，里面居住着淳朴的山民，瓷瓶的背面是一片草塘和湖面，湖中有几只木舟，天空中翱翔着远飞的大雁，一幅蕴含秋意的画面，作者以巧妙的构思精湛的笔墨，在瓷瓶山水画中展现出的天人合一的境界，是山水画的灵魂，非常恰当地体现了中国文化中人与自然和谐相处的精神实质。从艺术规律来讲，山水画来源于山水，又高于山水。这是作者山水画中所呈现南方山水画的一些绘画特色来看，是多年来绘画创作实践的结果，是对"传统"与"创新"这一长期以来中国画命题持续沉思所带来的结果，给人以非常熟悉的感受和认同，同时也避免了传统山水画在后学者手中所表现出来的陈旧、单调和毫无生气之感，化腐朽为神奇，在画面上呈现出了迥异他人的绘画新风貌。

千年瓷都景德镇，其陶瓷艺术久负盛名，尤其是陶瓷绘画更具有一种得天独厚的灵性。作者是土生土长的景德镇人，对于陶瓷艺术的喜爱与生俱来。他以陶瓷为载体，尽情演绎着山水、花鸟和珐华彩散发着一股难以名状、妙不可言的生趣。与国画艺术相比较，陶瓷绘画无论是从艺术本质、特征，还是从表现手段来看，都有显著的共通之处。国画艺术讲究"气韵生动"、"以形写神"、"形神兼备"、"骨法用笔"，着重形象的刻画和意境美的追求；讲究兼工带写，以浑然天成、本色自然、含蓄蕴藉为品位；遵循"作品妙在似与不似之间，大似为媚俗，不似为欺世"的创作原则；强调国画家要深入生活，从生活中获取创作营养，并反映生活。国画艺术所要求的这一切，陶瓷绘画艺术无一例外地要遵循。陶瓷与国画艺术的完美结合，其意境和艺术效果无疑是全新的。就目前陶瓷绘画艺术创作而言，其形式、主流仍然是唯美的国画风格，是国画艺术在陶瓷载体和工艺上的生动再现。国画山水强调天人合一的效果和意境，山势流云、小桥流水、曲径通幽的场景，表现出追梦、惬意、闲适、淡雅的境界，具有强大的生命力。作者一直从事陶瓷山水画的创作，通过笔墨，他的个性与审美观被表达了出来，同时也能表达出自己的思想感情、意境，也是作者的境界。

"秋吻之山"是一件成功的作品，作者多年的陶瓷艺术创作生涯中，形成了自身鲜明的艺术风格，其陶瓷山水画作品，笔墨老健、气象万千，雄浑中透出细腻、恣肆中见其深沉；山水画作品，真率写情、独抒性灵，营造出感人而脱俗的自然境界；古朴素雅、宁静安详，既古典又不失现代之美。

秋之艳

这件景德镇釉上彩"秋之艳"瓷瓶，是多年前觅于城隍庙藏宝楼。它口径21厘米，胸径30厘米，高43厘米，底径17厘米。

作者运用大胆的构思，细腻的笔触，描绘了风景如画的景德镇，坐落在黄山余脉的群山环抱之中，地处庐山、九华山、鄱阳湖、长江、新安江之间，

山青水秀，鸟语花香，具有典型的如诗如画的江南风光。在这优美的大自然环境的长期熏陶下，历代艺术大师师法大自然，创作出千姿百态的画面。这是青花釉里红画面的艺术价值起到了艺术再现、天然玉成的作用。

火中凤凰，俨然是寓意深刻、最富民族特色的中国国画。它把国画与精美的瓷器相结合，其艺术价值显然大为提高。在富于变化而又优美的景德镇艺术瓷器造型上，在洁白的瓷胎表面，绘制精心设计的高雅国画，青红对比绚丽多姿，罩上玉质感，再经过难于驾驭的火的艺术的洗礼。简直成了火中凤凰！这种巧夺天工的艺术珍品，在元代创制伊始，极为难得，只能作为帝王等贵族收藏欣赏，或作为国宝"赐赠"友邦。

作者不断积累自然山川的外在形象和内在精神特质，从中不断创构自己心目中理想的山水意象。"造化钟神秀，阴阳割昏晓"，正是对大自然大山大川不断的领会、感知和敬畏，感知大自然造化的伟力，领会阴阳大物在山川景象上的微妙呈现，将万千泉瀑、流水、烟云、岚雾、行云的变动以及无数林木的挺立、茂盛、生长和凋零的状态、情态、意态、气态在画面上表现出来，使山水画面空间有了深层次意象的出现，枯荣、生灭、盛衰、奇幻的精神意象在腕下不断地生成，使人于苍浑雄深的山水境界中感悟到岚烟的起伏、光影的流灭、阴晴的变化以及岁月的沧桑，对大自然的雄深无际由衷地生发出无限的景仰敬畏之情。该作品所表达的意境给人留下了极为深刻的印象。

作者的笔下，也不乏秀丽潇洒山水笔致的出现，当有"南方山水画派"的画风，这也是作者绘画审美观念和绘画风格追求上趋向于更加具有个性、注重自我多元需求的一种努力，亦取得了相当的成效。

作者非常注重传统笔墨技法的继承，重视在绘画创作实践中有选择地继承传统山水画的笔墨技法。用笔很有自己的特色，善于用减笔、写意笔法来描绘胸中的山川意象，注重笔墨法度，高度重视线条的质量，用笔多以淡墨湿笔为主，行笔中注重万毫齐力的效果，因而笔墨颇为耐看。将勾、皴、擦、染、点亦有机地加以融汇，在表现山川物象和主观情致方面，确立出了作者特有的山水笔墨语汇。画中运笔以勾、擦的成分居多，作画时总是边勾边擦，皴、点多随机率意为之，因而画面常常给人以空松轻灵、虚和清明之感，尤其擦、染的成分居多，使画面笔墨呈现出若棉若丝的奇妙感触，釉上彩"秋之艳"不愧为一件上等的好作品。

山村古韵

青年画家徐海庆，谦和儒雅又充满思想张力，在追风辟新、良莠杂生、众声喧哗的当代中国画坛，他能够沉下心来，回归传统山水画创作本体，回归传统文人画创作精神，以飘逸沉雄而又浪漫活泼的笔墨性情，来追求表达画作自身的艺术质量与文化含量。他的作品优在意境的营造，长于通过画面表现出内心的感受和思想。

他的青花瓷瓶，口径21厘米，胸径31厘米，底径19厘米高45厘米。画面大气、奔放。画面为山村面貌，群山环抱，树木苍翠，枝叶繁茂，秋雨过后，天朗气清，幽鸟相逐，天空小鸟，自由飞翔，小桥流水，溪水潺

潺。瓦房粉墙，一片美丽的景色。

青花瓷简称青花，是中国瓷器的主流品种之一，也是我国最具有民族特色的瓷器装饰。青花瓷的着色力极强，散发的颜色较为鲜艳，并且呈现出来的颜色也是比较稳定的。青花瓷上面的纹饰是永远不会褪色的，图案较为丰富，明镜素雅。青花瓷可以与中国的水墨画的艺术魅力相提并论，青花瓷是不含铅的，所以对人体也是没有任何危害的。青花瓷非常的名贵，所以一般是适合用来做装饰和平时日用的茶具的，但是适合用来收藏。清代饰有山水纹的器物很多，尤其是在康乾盛世，打破了明代山水纹饰瓷以青花一统天下的局面，除青花器外，还有青花釉里红、五彩、粉彩、墨彩、珐琅彩等，官民窑均有烧造，并且一反明代写意风格，勾描点染皴擦诸法齐备，追求真实感。嘉、巧，把丰富的景浓缩成山水画面，构思巧妙，寓意深刻。在明代青花瓷器画中，"渔、樵、耕、读"是常见题材。

山水纹饰作为瓷器装饰纹样，相较于动物、植物及人物出现的比较晚。大约起始于唐代长沙窑彩绘，宋代磁州窑亦有少量表现，在元青花中一般以人物图背景的形式出现，明代早中期出现一些海浪仙山和山水楼阁图，但数量很少且绘制技法仍不成熟。明晚末期，由于经济的发展和社会的变动，此前一直缓慢发展的青花山水画突然陡增，并迅速走向繁荣。

随着日益成熟的青花分水技法，勾线、皴染、构图模仿文人名家画风，画意仿效唐人诗意，使得山水纹饰成为青花瓷器最重要的艺术成就之一。画面多为山水乡居、田园风光、庭院小景、楼台亭阁等。在画风上，早期写意性比较强，明以后逐渐注重写实。

清康熙年间，青花山水画成就最高。受晚明以来浙派山水画影响，技法上采用南宋院体"斧劈皴"法，并注重墨色变化，达到墨分五色的韵致。另明、清两代民间写意青花山水也具较高艺术水平，画面简洁明快，山水、人物、树木、房屋，装饰性强，似信笔挥就，洒脱自如，韵味十足。清雍正年间山水画受当时流行的四王画风影响，改用"披麻皴"法，画面风格顿变。清朝时御窑瓷绘山水纹多仿宋、元、明、清名家笔意，画工精致。青年画家徐海庆继承传统画作精神，较好地完成了山村古韵之作。

山村人家

青花瓷，又称白地青花瓷，是中国瓷器的主流品种之一，属釉下彩瓷。青花纹饰构图丰满，层次多而不乱，笔法以一笔点划多见，流畅有力，勾勒渲染则粗壮沉着。这些图案除了更有艺术性外，都还有自己的寓意。

此器，口径25厘米，胸径27厘米，底径19厘米高45厘米。陶瓷山水画与中国山水画有着难解之缘。就目前的陶瓷艺术创作而言，其形式主流还是围绕着国画的风格。无论是从形式上还是内涵上来看，都是以陶瓷材质作为载体，在坯胎或白胎上以国画的表现技法，来体现中国山水画的神韵。陶瓷山水画的发展在某种程度或者某种层面来讲，也反映出中国山水画对其有着深远的影响。

中国山水画历史悠久，作品丰富多彩，蕴含着中华民族文化传统、艺术哲理和美学思想，丰富了我们历史文化与现实生活。隋、唐两代的水墨重彩、两宋的工笔极致和兼工带写意的初创、元代笔墨法山水画带来的繁荣，在明、清两代已达空前鼎盛，对现代山水画的发展产生了深远的影响。陶瓷绘画正是伴随着中国画的发展而发展，陶瓷山水画是颇具观赏性的一种画种。

山水画，抽象山水以云气纹、寿山福海纹为多见。明代永、宣时期海水云气纹图，达到了当时精密画法的高峰，渗透了宫廷院体工画气质。明代正统、景泰、天顺三朝多见"携琴访友"等高士人物图案，画面中的山水、楼台、庭院往往在云雾幻境之中。"抽象"山水图案的出现已含有写意的元素。明代成化后，寥寥数笔的山水简笔画法受到了"双勾平涂"技法限制，成为一种最初的写意形式，也为明代后期文人写意画打下了基础。

欣赏山水画，使人胸怀宽敞、通达，滋生对祖国锦绣河山的爱国热情和自豪感，丰富人们的文化艺术生活，提高人们的审美能力。随着人们的物质生活和精神生活的提高，对山水画的欣赏能力和要求也不断提高。中国山水画注重笔墨技巧，讲究构图布局。其最显著的特质，就是层次分明的审美效果。这些技法是陶瓷山水画的基本功底，是作品形的表现，只有整体上把握住形，才能进一步表现出神；要使陶瓷山水有神，产生气韵生动的艺术效果，必须着力营造画的意境。能使观赏者通过想象和联想，如身临其境，在思想感情上受到感染，甚至产生共鸣。这就要求陶瓷山水作品做到"情与景合，意与象通"。

"山村人家"造型大气、美观，画面朴实，富有浓郁的山村韵味，山水画是自然界美的一种反映。自然山水美是客观存在的，是大自然赋予的。画面所表现的主观情感和客观物象的神情意态与陶瓷工艺形式的统一结合，达到生动感人，耐人寻味的境界。

山东洛炎黑陶

多年前，我路过南京路陶瓷商店正在举办"山东洛炎黑陶展"整器乌黑透亮、款式多样，罐身镌刻着多种几何图案，罐底落款"洛炎陶制"。洛炎，曾就读于中央工艺美术学院，现任中国陶瓷工业协会黑陶研究所副所长，洛炎陶坊美术设计师。多年来，她采集民间艺术精华，探寻龙山文化幽秘，继承和发展了产生于自己这片故土上的黑陶制作工艺。为弘扬民族文化，发展陶瓷艺术，加强国际文化交流做出了突出的贡献。我当场挑选了这三件不同造型样式的黑陶罐。

洛炎陶艺在制作工艺上仍沿袭传统制作方法，保持民族文化特色，但在形态、纹饰、雕磨和色彩方面，都赋予了大量现代美学内涵。特别是在色彩方面，她凭借自己娴熟的烧制温控技术和原料配比技术，烧制出红、棕、灰、

黑等一系列单色陶和富于色彩层次的复色陶。1993年洛炎陶艺展在北京中国美术馆首次展出。此后在各类大赛中屡获殊荣，多件作品被收藏，并被作为国礼馈赠外宾或被国内外收藏家收藏。

黑陶以乌亮的光泽呈现出其他艺术品无法替代的一种美感。其最早发现于距今七八千年前的河姆渡文化、大地湾文化等。到了新石器时代晚期的屈家岭文化、良渚文化、大汶口文化和龙山文化中，愈加完善美轮美奂的黑陶，具有"薄如纸、硬如瓷、声如磬、亮如漆"的特点。龙山文化时期的黑陶，是新石器时代晚期极具代表性的艺术形式，因上世纪20年代末首次发现于山东济南的龙山镇而取名为"龙山文化"。

黑陶进入了全面普及发展的繁盛时期。快轮制作工艺普及，制作工艺娴熟，生产效率大幅提高。尤其以山东龙山文化的制陶成就最为突出：规整匀称、器型丰富多彩，又有复杂的形式和完备的功能，集实用性、艺术性于一体，达到了古代制陶工艺的巅峰。

现代黑陶的制作工艺独特，经过手工拉坯造型后，用贝壳反复压光，直至陶体呈现光滑如镜的纯黑色，再以线雕、浅雕、深雕、镂空等技法，手工雕刻出绚丽神秘的图案，充分展现出黑陶的材质美感和龙山文化浓厚的艺术魅力，续写了黑陶文化新篇章。

造型多样、装饰手法丰富多彩，黑陶"黑如漆、亮如镜"的独特之美。它继承和发扬了传统的艺术，每件黑陶作品无不凝聚着创作者巧妙的艺术构思，散发着高雅的气质和独特的魅力。现代黑陶不仅沿袭了传统的造型，还融入了抽象形态的表达。不但展现了新石器晚期的"龙山文化"的成就，而且运用新技术新手段使传统的黑陶艺术与现代美完美的融合，在传统陶艺基础上进行大胆的艺术创新，以现代的艺术手法重新演绎了陶瓷艺术，展现了现代黑陶的艺术魅力。

黑陶作品器类繁多，款式丰富，不仅有图案形象生动的"四神瓶"、高达半米的"图腾柱"、简约生动的"海翼"，还有龙纹梅瓶、菊花罐、鱼纹、海之韵、鼓乐升平、蜕变等主题的黑陶精品，特别她的"镇馆之宝"、曾获国际民间手工艺品博览会金奖的黑陶作品《蜕变》，让东方瑰宝，再现光彩。

"路漫漫其修远兮，吾将上下而求索"，光辉的成绩只能代表昨天，未来的艺术之路任重而道远。

山里人家

此款景德镇青花瓷《山里人家》花瓶为景德镇陶瓷精品，高级工艺美术师纯手工绘制而成。花瓶胎质细腻白质，釉质纯润，可作为高档家居摆设，亦可作为外事礼品赠送国际友人。花瓶为200件瓷器，口径18厘米，胸径30厘米，底径17.5厘米，高46厘米。

青花瓷，又称白地青花瓷，常简称青花，是中国瓷器的主流品种之一，是景德镇四大传统名瓷之一。原始青花瓷于唐宋已见端倪，成熟的青花瓷则出现在元代景德镇的湖田窑。青花瓷是用含氧化钴

的钴矿为原料，在陶瓷坯体上描绘纹饰，再罩上一层透明釉，经高温还原焰一次烧成。青花瓷是中华文化的一朵奇葩。此款青花瓷《山里人家》山水画花瓶有水墨画的醋畅淋漓的料韵，与国画山水有异曲同工之妙。青花山水在绘制风格上，吸取国画技法。把民间青花的笔墨技巧与官窑青花的高档材质

相结合。在表现手法上，根据器型特点，结合当代审美情趣，采用多种绘制形式，形成青花山水画的艺术特色。

两棵大树矗立在石头上。前面的一株树以秃笔湿墨表现树叶，虽然是秋季，但是依旧显得葱葱郁郁；而另一株色敷以淡浅赭，这秋雨溪山为山里人家带来了几分亮色。树干部分的借用水和墨的层次感表现出了一种明暗感。墨象的表现在清初已经逐渐被文人画家们所追捧和效仿。画面下方起首处画溪水寒石，石头上浓墨淡墨交织，有干有湿，笔触显得短促而有力度，却有浑厚、凝重的笔意。在这里，大抵是用了秃笔来表现寒石在深秋时节所独有的寒意与冷秀；而石上的草木则以一种类似于藤蔓的笔触表现出扭曲缠绕的深秋枯草之象。石头的右面就如同被刀交叉砍过一般留下的痕迹。

青花瓷的特点：着色力极强，发色鲜艳，呈色比较稳定，并且上面的纹饰永久不会褪色，图案丰富，其色料对人体也是也有任何危害的。意义：青花瓷的青白两色寓意着庄重、喜庆、吉祥、进取，是儒家文化的一种体现。

作品山里人家的意境，是通过作者情感与生活的自然交流时，与自然美的某一点出发交融，作者的感触升华演变为新的艺术境界。意境是以主观意识结合为基础的。主观方面是作者境界的因素，诸如意识形态、文化修养、生活修养、艺术修养所形成的观念。客观方面是缤纷世界的造化美，这种美是以自然恒久的运动规律而生生不息，充满生命力的美。

在创作时，要根据陶瓷材质的不同注意应变和修改。瓷上山水画的表现对象是大自然，同时在表现中更以作者的心境作用于笔墨，这是复杂而重氛围的艺术表现。瓷上作画与写文章是一样的，文章完稿之后，要再一次推敲修改。作画亦是如此，作品主体完成之后，要注意修改，修改的目的，在于整体上的和谐统一。其次构图尤其重要。只掌握熟练的笔墨技巧，没有成功的构图，是画不出好作品的，只能说是笔墨技法的演练，不能成为作品。什么是构图？就是传统中所讲究的章法。要将繁琐而复杂的山川、树木、云水等自然景物，表现在小小的画面上，成为优美的绘画艺术作品，如不能反复琢磨、精心组织，没有取舍与提炼，就会形成杂乱无章的局面。青花瓷"山里人家"不愧为一件成功的好作品。

陶艺传承默默有心人

刘国祥，1947年10月出生于佛山石湾四代相传的陶艺世家，高级工艺美术师，广东省工艺美术大师，广东工艺美术协会理事。自幼随父刘伟棠学艺，深得家传，对石湾陶艺和窑变釉有深厚基础。

1994年作品《鲁迅》获广东省工艺展三等奖。2005年《华佗与关公刮骨疗毒》、《竹林七贤》分获第七届中国工艺美术大师精品博览会银奖、铜奖。作品《十八罗汉》获2006年第二届（深圳）中国文博精品评选银奖。作品《八仙》获2006年中国上海第八届工艺美术精品评选金奖。

曾祖父刘来为陶艺翘楚，祖父刘辉胜继承了他的微雕艺术，形成了石湾陶艺专门行当。父亲刘伟棠创造了陶塑山公盆景，使传统的石湾公仔，成为完整独立成景的一门艺术创作作品。刘国祥九岁起，跟父亲学艺，学习刘氏微塑技法搓、捏、贴、捺的运用。在从事微塑事业创作上又作出了巨大贡献。

今年五一刚过，我怀着神往已久崇敬的心情专程赴石湾拜访了著名微塑传承人——刘国祥大师。十年前我们在上海世贸商城一次艺术品展会上相见并认识。老朋友相见非常高兴，老人精神依然精神矍铄，目光炯炯、精神健旺，老而强健。

他继承和发展了父辈的微塑艺术，不断探索石湾微塑与盆景相结合的创作手法，并对陶泥和陶釉的配制以及烧成工艺精益求精。他还热心社会公益事业，在佛山市第十四中学举办了"非遗进校园·薪火代代传"活动，此次活动广东广播电视台文旅中心专门进行了报道。

作为"刘胜记"的后人，刘国祥传承了先辈的"山公"制作手法，他告诉记者，石湾微缩的手法主要有搓、贴、粘等，简单的手法即可塑造出小而精的微塑公仔。根据他的介绍，前几年他参与佛山文化代表团赴澳门的交流活动时，他的现场表演吸引了一批外国人的围观，外国人交口称赞其工艺十分神奇，"仿似在表演魔术"

"时代在发展，石湾也需要不断创新！"刘国祥曾做过的最小尺寸的"山公"，一个火柴盒就能装下150个，但尺寸越小越不利于收藏。因此，他刻意将微塑的"小景"往"大景"发展，即适当加大尺寸，参考"大雕塑"

的手法，人物造型做得更加精细。以获得全国金奖的作品《八仙》为例，与传统的石湾微塑有所不同，尺寸有所增大，但又与"大雕塑"有所区别，既有石湾微塑的传统韵味，又有"大雕塑"的手法，相得益彰；另一件作品《龙上十八罗汉》更是一件结合石湾微塑与"大雕塑"的作品，取得了艺术上的突破；代表作《十八罗汉》及《猴儿天地》，每件创作时间都在两个月以上。代表作之一"花果山"，是一个完整的微塑盆景。险峻葱茏的山峰，山形俊雅，巍峨清幽，尤其是那山体嶙峋的表面质感，塑造得惟妙惟肖；一脉瀑布飞下，形成山下水色碧绿，看得出用釉十分巧妙，恰似一汪碧水环绕。最妙的是用微塑塑形的小猴子，灵巧活现，生气勃勃。几百只猴子却无一个动作相同，或顾盼、或吃桃、或嬉戏、或眺望，遍布在山坡、水涧、树丛，真是一幅美丽生动的花卷。进入新时代，除了渔樵耕读、诗酒琴棋等传统题材，刘国祥还创作了《红军渡江》《红船》等红色题材作品，为微塑艺术注入了新鲜血液。

　　微塑陶艺是一门需要非常精细而又难度极高的手艺工作，同时也是一门需要积累相当丰富的经验、学识、素养、激情的伟大事业，刘国祥大师就是这样一位辛勤耕耘在这片土地上的有心人！

溪山秋晴

景德镇青花瓷瓶"溪山秋晴"，口径18厘米，胸径30厘米，底径19厘米，高38厘米，整器呈灯笼形，画面描绘秋山苍翠、峰峦叠嶂、飞瀑流水、秋水澄澈、山环水绕迷人之景。布局大开大合、左疏右密的构图，简洁明了，疏密有致，形成了鲜明的视觉对比，给人以美的享受。

青花瓷，又称白地青花瓷、起源于中国，遍行世界的一种白地蓝花的高温釉下彩瓷器，是中国陶瓷烧制工艺的珍品，中国瓷器的主流品种之一，属釉下彩瓷。

缥缈的远山以饱含水分的色彩没骨纵横写出，绵延逶迤，似蛟龙腾舞，云蒸霞蔚；坡岗沟壑或以焦墨或以淡墨散锋渴笔勾勒出不同形态。以类似披麻皴、短线皴、点子皴交错皴擦点染，以赭石、石青、石绿、藤黄等多遍复合渲染；山间屋宇、林木、小桥的线条如行云流水，虚实相生、一波三折；近山雄浑苍秀，林木葳蕤构成一幅幽清、静谧、瑰丽的金秋画卷；一高士依崖傍翠，陶醉于山光水色之中，虽夕阳晚霞黄昏，却诗意兴发流连忘返。注重了水、墨、色的浑化融合，丹青隐墨，墨隐丹青。青花瓷的文化寓意着庄重、喜庆、吉祥、进取，是儒家文化积极入世思想的自然体现。

在料色运用上，青花山水画比人物，花鸟画的皴擦勾勒，点垛渲染的变化更多。需要采用兼工带写的手法运笔巧妙，才能准确表现出山水、树石的质感肌理。画面清爽自然，有水墨画的渲染、渗化效果，又有陶瓷装饰的特色。作品中的疏密、虚实、动静、藏露，都要在构图中体现出来：画面的疏密，是块面和点线之间的区别。料色的厚重处密集，料色的浅淡就是疏阔的景物。房屋汇聚是密，树林、坡岸为疏。疏密结合，有鲜明的对比效果。山环水绕，田园树宅密集。树木掩映，江河为疏。丛林密集，天高云淡为疏，山峦重叠与疏树横坡相衬托。虚实感是由自然山水的客观景物所决定的，在

山水画的布局上十分重要。作品中的虚实，是在画面设计时首先要考虑的。虚实安排得当，画面就会吸引人。国画中虚实，有"疏可走马，密不通风"之说，显示了明显的虚实关系。密中有疏，疏中有密，虚实结合，才有协调的装饰构图。在青花山水画中，采用不同的皴法表现山石的质感。瓷画中的皴法，吸收了国画的皴法。从古到今，历代画家以造化为师，在作品中，形成了山水画"十八皴"。我国地大物博，塞北、江南的风景有不同的特点。西北高原，石骨凌峥。江南地区，山川浑厚，草木茂盛，不少名山大川都以其独特的地貌而姿态各异。

寒石左侧有一座小木桥，这座木桥窄小到几乎只能容得下一人通行。一名樵夫模样的人担着一捆柴从桥上走过。桥下溪水潺潺，溪水中突起的岩石将溪水分开，有石头的地方，看起来动势十足，而再下面的水面则平静如镜。流水如论来得路上多么曲折，多么波涛汹涌，而归去的地方总是风平浪静的。似乎就如同髡残生命的前半生与后半生的写照。

桥头处一块巨大的山石。浓密的牛毛皴塑造山石草木华兹的秋季景象。桥头处，山石边，有茅屋三间，上下依山而建，最外面的一间中，一高士盘腿而坐，手捧书卷。整个画面，唯有此处显得清朗许多，没有繁密的林木和磐石，唯有伴随着吟哦读书声的瀑布声。最下面溪岸旁的高木，枝叶伸展到屋外，掩映着瀑布水流，将高士的"隐"融于自然的山水之中。茅屋后面有不成比例的阔叶植物，类似于芭蕉叶的形态。这独特处理技巧，是在追求一种高古的境界。是在有意为"人"的存在寻找一个更广阔的天地。

视线向上，又见茅屋两三间。茅屋下面同样水瀑流。细看瀑流的处理自如，除了水和墨之外，颜色溶于水墨之中，颇有几分印象派的味道。这几处茅屋上面，左右各立着一座高峰，两座高峰左高右低形成开合之势。山峰的腰处烟岚缭绕，让这秋晴的溪山更加增多了几分清丽的湿润感。瓷瓶"溪山秋晴"此乃青花瓷中的佼佼者之也。

唐三彩·马、驼

　　这对唐三彩是北京国防大学一位好友廿年前赠送的，因他知道我喜欢收藏所以将这对东西送给我了。唐三彩，中国古代陶瓷烧制工艺的珍品，全名唐代三彩釉陶器，是盛行于唐代的一种低温釉陶器，釉彩有黄、绿、白、褐、蓝、黑等色彩，而以黄、绿、白三色为主，所以人们习惯称之为"唐三彩"。因它出现最早、最多出土于洛阳，亦有"洛阳唐三彩"之称。

　　马，长29.5厘米，高31厘米，宽11厘米；驼27厘米，高31厘米，13.5厘米。唐三彩陶器中，马、驼是最常见标志性题材。唐三彩作为中国艺术瑰宝，它多方位地折射出唐文化的绚丽光彩，也为人们提供了认识中国唐文化历史价值的宝贵实物资料。

　　由于在我国古代马是人们重要的交通工具之一，战场上需要马，农民耕田需要马，交通运输也需要马，所以唐三彩出土的马比较多。其次就是骆驼也比较多，这可能和当时中外贸易有关，骆驼是长途跋涉的交通工具之一，且丝绸之路沿途需要骆驼作为交通工具。所以说，匠人们把它反映在工艺品上，所以马、驼成了唐三彩的标志性工艺品。

　　唐三彩在中国文化中占有重要的历史地位，在中国的陶瓷史上留下了浓墨重彩的一笔。唐三彩诞生于唐代是有其文化渊源的。首先，成熟的陶瓷技术是唐三彩诞生的物质基础；其次，唐代盛极一时的厚葬之风是促成其诞生的直接导向；第三，唐代各个领域的历史文化是孕育其最好的艺术养料。唐三彩的诞生也是三彩釉装饰工艺的诞生，是釉彩装饰和胎体装饰结合的过程。辉煌璀璨的唐三彩，其绚丽斑斓的艺术效果在雕塑精美、造型生动的俑上得到了发挥和淋漓尽致的展现。唐代是我国封建社会的鼎盛时期，所以说唐三彩从另外一个侧面也反映了这种唐王朝的政治、文化、生活，它跟唐代诗歌、绘画、建筑其他文化一样，共同形成了唐王朝文化的主旋律，但它又不同于

其他的文化艺术，从现代的陶瓷史上认为，唐三彩在唐代陶瓷史上是一个划时代的里程碑，因为在唐以前，只有单色釉，最多就是两色釉的并用，在我国的汉代，已经有了两色，即黄色和绿色两种釉彩在同一器物上的使用。到了唐代以后，这种多彩的釉色在陶瓷器物上同时得到了运用。唐三彩是唐代陶器中的精华，在初唐、盛唐时达到高峰。安史之乱以后，随着唐王朝的逐步衰弱，由于瓷器的迅速发展，三彩器制作逐步衰退。后来又产生了"辽三彩"、"金三彩"、但在数量、质量以及艺术性方面，都远不及唐三彩。

　　家中的客厅里，摆着这对唐三彩工艺品，显得非常的漂亮。它们很精致，马、驼头朝右上斜仰着，嘴巴张得大大的，好像在对着长天大声嘶鸣，气势轩昂、彪悍。那样子好像在展示胜利的姿态。它的脖子伸得长长的，好像在向上天祈福，希望主人的每次战斗都能取得胜利。似乎在鼓舞激励我们不怕困难、勇往直前！

陶塑·老者对弈

　　这件石湾陶塑"老者对弈"是多年前从产地觅来的。从作品中清晰地让我们知道这是一对老人在下围棋。

　　作品长23厘米，高13厘米，宽10厘米。两位老人正在全神贯注下着围棋。围棋，两人棋类游戏，中国古时称"弈"。流行于东亚国家（中、日、韩、朝），属琴棋书画四艺之一。

　　围棋起源于中国，传说为尧帝所作，春秋战国时期即有记载。隋唐时经朝鲜传入日本，流传到欧美各国。围棋蕴含着中华文化的丰富内涵，它是中国文化与文明的体现。《大英百科全书》说围棋起源于公元前2356年左右的中国，《美国百科全书》指出中国人在公元前2300年之前发明了围棋，虽然说法都不统一，但是都承认是发源于中国，所以综上所述，围棋就是起源于中国。

围棋的特点，实力最强的棋手是用最少的棋步获得最少空间的棋手。因此，围棋把经济性原则体现得非常清楚。围棋最大的优点之一就是围棋的乐趣不分等级。棋手根据自己的长处体验围棋的乐趣和教训。围棋是一项精打细算的运动，但在比赛中，高水平的棋手有高水平棋手的乐趣，低水平棋手有低水平棋手的乐趣。

围棋是一种古老的策略性游戏，不仅是一种娱乐活动，还能增强分析问题、逻辑思维和判断能力和专注力；提升决策能力以及战略思维、战略规划能力。在对弈时，都精神集中，意守棋局，杂念尽消，在谈笑之间，以决胜负，能够使人把注意力从日常生活的压力中跳脱出来，缓解身体和精神的疲劳。而且对凝神静气的左右，对于长期感觉孤独，内心空虚无聊的神志损伤者，有很好的帮助。

围棋的每一步都是判断，推理，计算和决策的过程，参与者通过发挥主观能动性，增强逻辑性和辩证法，对于老年人而言，可以预防老年痴呆，延年长寿。

古往今来，以棋会友的例子不在少数，在对弈过程中，思想碰撞的火花不仅能够增进双方的友谊，还能明白彼此的内心，在对弈中学习，在对弈中受益，在对弈中交朋友，乐在棋中。

特别对老年人来说，胜负只是结局，对老人来说，已经是毫无意义了，他们只是享受棋艺之乐、棋艺之趣，享受的是过程。棋艺人生，享受的就是过程，觉悟于棋艺之理，人生真谛，在人生奋斗过程，难道不就像一局棋吗？尽自己所想，走好人生每一步，这就是过程，享受过程之美就是享受了美好的人生！

陶艺·东坡观砚

　　熙宁年间，苏东坡到太原访故旧好友王颐，在他家后花园美人蕉旁发现一块高大，灵通、色如斑铁的巨石，问跟随的童子："这是什么石头"？童子说："是老爷从外地购得用来观赏的"。深知石品的苏东坡心中暗喜，这是世上少见的"凤眼石"，是制凤砚的好材料，但又为好友不识石而惋惜。童子对王颐说了客人对石头提及的问题，王颐心中暗想，都说东坡才思敏捷，何不借此机会调侃一番。他来到东坡面前说："先生可知此石用处"？东坡指着这块高大奇巧石自言自语回答说："是块好观赏石哟，可惜，此石已缺一角矣！"王颐心想：东坡一定看出此石的用处了，何不就此求他一幅墨宝呢？

于是他计上心来很诚挚地说:"先生可否为此石留下墨宝?"。于是,就在这块奇石前摆开书案,东坡展开纸笔刚要用墨,被眼前的宝砚惊呆了,只见此砚台其形态与观赏奇石缺的那一角相吻合,砚质"涵清泉,闷重谷。声如铜,色如铁。性滑坚,善凝墨"这是名副其实"凤眼"佳砚呀。东坡喜出望外,略加思索、一边目不转睛看着宝砚,刷刷点点写下了:"残璋断璧泽而黝,治为书砚美无有。至珍惊世初莫售,黑眉黄眼争妍陋。苏子一见名凤咮,坐令龙尾羞牛后。"的千古砚铭诗。成诗后墨迹便干,光鲜无比。东坡和王颐都心照不宣、不约而同的连说三个好、好、好,而后相视开怀大笑起来。告别时,王颐深情地对东坡说:"素知吾弟爱砚如命,适知江南出名石,命人取上好石材赶制一方凤砚赠予吾弟,望笑纳。"东坡被诚挚情意所感动,手捧凤砚一再作揖表示感谢。回去后东坡非常珍爱这方凤砚,并将赠予的王熙的砚铭诗,铭刻在砚台上,以之纪念他们之间的友情。

古人有"武夫宝剑,文人宝砚"之说,认为"文人有砚,犹美人有镜也,一生之中最相亲傍"。宋代大文豪苏东坡好砚成嗜癖,把太多的赏识与歌咏赋予了砚,身后流传很多"东坡得砚"故事,也是历代画家绘之不厌的题材。黄慎,任伯年、齐白石、傅抱石等均有描绘。清佚名《东坡得砚图》四条屏就是描述苏东坡试笔得"凤砚"的故事,现解析成文,以飨读者。苏东坡是北宋的著名文学家和书法家,因为酷爱石砚而流传后世,瓷器上以此为题材的作品较多。画面上通常是东坡手捧砚台,全神贯注,爱不释手的神情,也常见旁有童子持砚相伴等画面。子瞻,号东坡居士。七岁便开始随父母识字读书;八岁入小学,在天庆观几百学童中,苏轼颇受老师青睐;十岁苏轼开始写作,二十一岁中进士,开始步入仕途,曾任兵部尚书,礼部尚书,吏部尚书等职。苏轼在文学方面贡献极大,他的诗词都具有极高的艺术造诣。文章汪洋恣肆,明白畅达,题材广泛,常能反映民间疾苦,痛斥统治者奢侈骄纵,苏轼还开创了豪放词派,使宋词发展到了一个新阶段。苏东坡本来是一位豪放旷达之士,他有诗说:"人生到处知何似,应似飞鸿踏雪泥。泥上偶然留指爪,鸿飞那复计东西。"然而好砚成癖的他,在砚上留下了三十多首砚铭,对端砚、歙砚、洮河砚赞美有加,如绿端砚铭文:"千夫挽绠,百夫运斤,篝火下缒,以出斯珍",生动地写出了采砚的过程和宝砚的难得。

陶艺·富甲一方

　　作品长17厘米，宽6.5厘米，高9厘米。作品"富甲一方"展现了一颗白菜上，对峙着一只甲壳虫和一只螳螂。在陶艺中常见有七星瓢虫，绰号花大姐。它是幸运的象征，背上有七个点，因为在东方传统文化中，七星瓢虫是无忧无虑、自由自在的生活的象征，七星瓢虫，劝七星，有"禄"的意思，属甲壳类，谐音寓意富甲天下，同时花纹艳丽，兼顾大展宏图的愿望，在欧洲文化里，它是幸运的象征。螳螂也是一种有益的昆虫，螳螂意味着家庭的兴旺，代表了勇敢无畏的意思，螳螂寓意活力四射，兴旺发达，在传统文化当中，螳螂意味着家庭的兴旺，有"家和万事兴"之意。白菜具有发财的寓意，因为白菜的谐音是百财，有着聚拢财富的象征，而且白菜的长势是从下往上长，然后慢慢地聚拢，就像发财一样，财也是需要通过积累和收获，和

白菜的成长相似，所以白菜有着发财的寓意。

艺术品创作的甲虫，寓意为"富家"或者是"富甲"，甲虫爬到树叶边或树叶尖端，意为"富甲一方"；在印章顶上的甲虫造型，寓意为"富甲天下"。甲虫因为与"富甲一方"这个成语沾亲带故，故而甲虫寓意富甲一方，财源广进。再加上白菜意为"百财"，有聚财、招财、发财、百财聚来的蕴意。另一层意思助旺财运：白菜与"百财"谐音，有着招财、聚财、发财的寓意。白菜又叫"横财（菜）就手"，寓意一切意外之财来得容易。将白菜摆放在家中的吉星位上，定能催旺财气，平顺求财，若再配以五帝钱更能锦上添花。

白菜的寓意是纯洁、清新，因为白菜的颜色是白色，就像一个人在恶劣的环境中依然保持着本心一样，给人的感觉就是洁白无瑕、不与世俗同流合污，因此就具有洁身自好的寓意，可以表达高风亮节、洁身自好的象征。

根据白菜的发音，还有摆财之意，是一种富贵人家的象征，是彰显财富的代表。取自人们对白菜的美好愿景，寓意吉祥如意、事事顺利、运势如山，连年丰收。

作者霍秀银。1972年从事陶瓷工艺工作，1978年拜民间艺人苏次为师学习微雕。她从业三十多年来，在传承历史上的同时努力探索和发展，将具有浓郁石湾地方特色的民间工艺微塑艺术延伸、演绎。历年作品曾参加国内外多个展览，获国际、国家、省及市的各级奖励，部分作品被国内博物馆和协会收藏。

霍老师出生在陶风盛行的佛山石湾。从小受熏陶兴趣使然，自幼便开始学习中国画，在家庭和朋友的熏陶下，开始接触陶艺。由于母亲在美陶厂工作，便有机会跟着母亲去工厂进行作品临摹。在这样的环境下，1972年她读书毕业后，就进入工厂从事陶瓷工艺工作。1978年师从民间艺人苏次学习微缩，并于2014年创办三朴陶艺工作室。"那时候真的是太喜欢做这件事情了！自己下班后，就会去资料室看书学习，临摹完的作品请前辈来进行指点。"她如是说来，以后，便把陶艺当做自己的一生的事业去学习、创作。四十多年来，霍老师始终坚持着一件事：用心创作每一个作品。

她的作品，给人以一种具有岭南风情、自然、淳朴之感，充满了怀旧的情调和乡土气息，唤起人们遥远而又亲切温馨的记忆。陶艺"富甲一方"便是一例。

陶艺·瓜瓞绵绵

这件陶艺摆件是多年前从石湾觅得，其形枝叶繁茂，开着几朵小黄花，两个大黄瓜，中间还夹着一条小黄瓜，形象逼真，栩栩如生。

该陶艺，高25厘米，长12厘米，宽9厘米。摆件题目叫"瓜瓞绵绵"这句话出自《诗经》中的《诗·大雅·绵》。它是中国古代第一部诗歌总集中的一首诗。全诗九章，每章六句，内容丰富，结构宏伟，同时多用排比，显得整饬庄重，前详后略，情景一体，充满了浓郁的生活气息。第一章为：绵绵瓜瓞。民之初生，自土沮漆。古公亶父，陶复陶穴，未有家室。意思是大瓜小瓜瓜蔓长，周人最早得发祥，本在沮水漆水旁。太王古公亶父来，率民挖窖又开窑，还没筑屋建厅堂。总之，这句话原本的意思是子孙像瓜蔓绵延，子子孙孙世代昌盛。

黄瓜葫芦科一年生蔓生或攀援草本植物。也称胡瓜、青瓜。茎、枝伸长，有棱沟，被白色的糙硬毛。卷须细。叶柄稍粗糙，有糙硬毛；叶片宽卵状心形，膜质，裂片三角形，有齿。雌雄同株。雄花：常数朵在叶腋簇生；花梗纤细，被微柔毛；花冠黄白色，花冠裂片长圆状披针形。雌花：单生或稀簇生；花梗粗壮，被柔毛；子房粗糙。果实长圆形或圆柱形，熟时黄绿色，表面粗糙。种子小，狭卵形，白色，无边缘，两端近急尖。花果期夏季。

黄瓜在传统文化里的寓意为飞黄腾达，因为黄瓜多子而年年繁殖，所以摆放此黄瓜代表着多子多孙，子孙后代吉祥多福，事业有成，特别是黄瓜配上甲壳虫摆件上一条黄瓜还有一只甲壳虫，其寓意富甲一方，图案更为吉祥而更为直观一目了然，寓意瓜瓞延绵，象征子孙昌盛，事业兴旺，飞黄腾达。黄瓜的颜色给人非常吉祥喜庆的感受，也代表着秋天的丰收。

所以陶艺瓜瓞绵绵摆件的寓意非常深刻，不愧是一件包含人们美好生活和成功理想的好作品。

陶艺·龙鱼

　　陶艺龙鱼是我石湾之行觅得的一件佳作，作者系广东省工艺美术大师罗明佳，广东佛山人，1963年8月出生，1986年就读于南海师范美术陶塑专业。长期致力于艺术陶瓷的研究和实践，并创办石湾明佳美术陶瓷厂，多年来致力于创作人物、动物等题材陶艺作品，深受社会各界人士喜爱和收藏。

　　该作品长25.5厘米，宽5.5厘米，高12厘米（连座），它翘着头，瞪着两只突起的大眼睛，体型颀长，有须，胸鳍似龙爪，体型霸气，游姿迷人，披着一身靓丽的鱼鳞，恰似一身熠熠生辉的"盔甲"，秀长的鱼尾酷像轻盈的裙摆，在水中优闲地舞动着，尽显一种王者之气。它体形长，有须，类似龙，所以在华人中是非常受欢迎的一种观赏鱼，称为"龙鱼"。无论从体态还是从气势来说，都是极具观赏性的鱼类，因此深受人们的喜爱。

龙鱼，是一类古老的大型淡水鱼，早在远古石炭纪时就已经存在。后随着地壳的移动逐渐分散到世界各个大陆，如今在亚洲，南美洲，澳洲以及非洲都可见到它们的踪迹。其实中国古人早有关于龙鱼的记载，据《山海经·海外西经》："龙鱼陵居在其北，状如狸。即有神圣乘此以行九野。"可见早在大约秦汉时期，中国古人就已在东海南海一带发现这一鱼种，并有命名。

龙鱼有着浓厚的中华文化底蕴，加上浑身金鳞（或红鳞），因而形似神龙。其盘旋灵动，华贵端庄，静时安若处子，动时迅如脱兔，所以其神更似神龙。而且，其缓而大方的游姿，更显出一种高贵、祥和的王者之气；其次，由于龙鱼自身的寿命很长，有"长命百岁，寿比南山"之寓意；其谐音为"余"，暗含聚财、富贵之意；再者，其形神似龙，表示着至高无上无上权力和尊贵地位的象征等等。龙鱼寄托了如此多的美好愿望，因此被人们看做最佳风水鱼而被请进了千家万户。

"龙飞陶舞 瑞龙迎春"虽然明年为龙的生肖年，会做生意的石湾生肖陶艺创作已悄然启动，虽然刚进5月，陶艺家们纷纷开始了明年的生肖陶艺忙碌了。陶艺家罗明佳更是颇费心思，将作品中的釉色和质感改为春节应景的亮色，以及引观者，这条跃然灵动，炯炯有神的龙鱼不施釉色，却遍体金黄体型适中、气势逼人而寓意富贵吉祥的龙鱼脱颖而出。

龙是中国的吉祥之物，受到人们的喜爱。在我们民族的心目中，它代表着吉祥，象征着神圣，又是力量的化身。至今，不少建筑物和生活用品，都以龙作为装饰，人们把它雕在房椽上、桥梁上、舟船上，刻在胡琴上、拐杖上、刀剑上。节日里或庆典上，舞龙是最隆重的活动。父母希望孩子有所作为也被称作"望子成龙"。在我们的日常生活中，像"生龙活虎"、"龙腾虎跃"、"龙凤呈祥"等带有"龙"字的词语，都表示赞颂或祝福。歌词"古老的东方有一条龙，它的名字就叫中国；古老的东方有一条河，它的名字就叫黄河"，抒发了我们民族的壮志豪情。

陶艺·蒸蒸日上

　　走进石湾公仔街《一陶通行》店内，左侧顶上的一件"蒸蒸日上"作品深深吸引了我，其实，它并不是令人震撼、夺人眼球的大作品，而是一件拳头大小的小摆件。

　　作品体量不大，长8厘米，宽6.5厘米，高8.5厘米。它表现了一坨生机盎然的黄豆芽，破土生长的情景。嫩黄的顶芽争先恐后往上蹿，雪白粗壮的芽杆自然交叉，显得相当有力，展现了一个栩栩如生、茁壮成长的画面。

　　黄豆芽是大豆的衍生品，是一种营养丰富的蔬菜。当今餐桌上公认的"天然"、"健康"食物引领风骚者之一，乃是源自我国的豆芽菜，特别是金灿灿的"如意菜"——黄豆芽。每到逢年过节，上海人餐桌上乐见喜欢的这道菜（口彩元宝菜）。明人陈嶷曾有过赞美黄豆芽的诗句："有彼物兮，冰肌玉质，子不入污泥，根不资于扶植。"黄豆在发芽过程中更多的营养元素被释放出来，更利于人体吸收，营养更胜黄豆一筹。研究表明，黄豆在发芽4～12天时维生素C含量最高，如

同时每天日光照射2小时，则含量还可增加一倍。但不宜日照过久，以免豆芽变老而降低口味。

黄豆芽味甘、性凉，具有清热利湿、消肿除痹、祛黑痣、治疣赘、润肌肤的功效。对脾胃湿热、大便秘结、寻常疣、高血脂有食疗作用。从营养理论上分析，豆芽中所含的维生素E能保护皮肤和毛细血管，防止动脉硬化，防治老年高血压。黄豆发芽后天门冬氨酸急剧增加，所以经常吃黄豆芽能减少体内乳酸堆积，有助于消除疲劳。此外，黄豆芽富含维生素C，有助于美容。黄豆芽还含有大量纤维素，帮助肠胃蠕动，有助于缓解便秘帮助减肥。

据史料记载，豆芽始见载于《神农本草经》，作为中品收载，系以黑豆所制，且有性味、功效的记载，说明应用已久。始见于《山家清供》。至明清之际，豆芽之类已入食籍。18世纪华人将豆芽带入欧美，到20世纪后期被国际现代营养学界所重视，在西方曾掀起"豆芽热"，将之列为"健康食物"，对其营养保健之功能认识加深。

黄豆芽虽说是一种很不起眼的小菜，在蔬菜种类繁多的菜市场，它总是静静地安置在角落的泡塑箱、箩筐里，它们也永远成不了主角。但就是这种不显的小菜，却有着意想不到的保健功效。是中国的传统菜肴。

作者杨通行是一位来自贵州的80后，毕业于北京齐白石艺术学院国画系、篆刻系、书法系。艺术风格独特，以昆虫、花果类为主题。运用新技巧、新方法创作以蚂蚁为主题的陶艺作品，填补了石湾陶塑历史的空白，被称为"蚁王"。成长于佛山石湾传统陶艺的热土上，师从国家级陶艺大师潘汾淋，小杨得到了大师的真传，加上他勤奋好学，博览东西方美学，练就了一套陶艺的真功夫。

作品"蒸蒸日上"构思简洁明了，内涵丰富，它形象地呈现了一幅生机勃勃、蒸蒸日上的画面。作者凭着一份近乎执着的热情，用灵巧的双手和精湛的技艺，在石湾这片陶艺热土上，给人们带来活色生香，美妙绝伦的艺术享受。

窑变陶艺·竹桶

　　窑变，是指瓷器在烧制过程中，由于窑内温度发生变化导致其表面釉色发生的不确定性自然变化。古人对窑变的定义，相对来说，更加宽泛，甚至将瓷器器型的变化也包括在内。例如《稗史汇编》认为："瓷有同是一质，遂成异质，同是一色，遂成异色者。水土所合，非人力之巧所能加，是之谓窑变。"

　　这件窑变陶艺"竹桶"，是从原藏宝楼景德镇瓷器摊位觅来。作品为一只仿生竹桶。其高59厘米。直径12厘米，在窑变均红釉底色上，以白色流畅草书形式写下了唐代诗人张继的《枫桥夜泊》中的诗句"月落乌啼霜满天，江枫渔火对愁眠，姑苏城外寒山寺，夜半钟声到客船。"诗中写道，作者泊船苏州城外的枫桥边，夜深人静之时，难以入眠，翘首仰望，只见斜月西沉，霜气逼人，在这深秋的夜晚，宿巢的乌鸦不知受到什么惊扰，而发出一声声的啼叫。这个景色和声响是极其空旷寒凉而凄楚的，它触动了诗人本来就很寂寥愁苦的心。江南水乡秋夜幽美的景色，深深吸引了旅愁的游子，使他领略到一种情味隽永的情节，写下了这首意境深远的诗。表达了诗人旅途中孤寂忧愁的思想感情。为什么诗人一夜未眠呢？首句写了"月落、乌啼、霜满天"这三种有密切关联的景象。这首情景交融的佳作。满怀乡愁孤卧客船，只有火红的江枫，明灭的渔火相伴。夜深难眠，又听到从苏州城西寒山寺传来的悠扬的钟声，幽静得更令人难耐。古人写诗，最爱借景抒情，追求一种情景交融的境界，准确地传递出诗人此时此地的满腹惆怅的情感，这首绝句便是一个成功的典型。

　　窑变釉是一种古老的釉，自唐代产生，随着时间推移，人们对窑变釉认识的深入，窑变的缺陷美也逐渐得到人们的喜爱，窑火给釉面让人回味无穷，在《古物指南》《陶成记事碑记》中，则进而将"人巧"所为的釉色变化，增加进了"窑变"之中。《景德镇陶录》也认为："窑变之器有三：二为天工，一为人巧。其由天工者，火性幻化，天然而成……；其由人巧者，则工故以釉作幻色物态，直名之曰窑变，殊数见不鲜耳。"对这种具体的（人巧）之法，《南海记窑笔记》记载道："法用白釉为底，外加釉里红元子少许，罩以玻璃红宝石晶料为釉，涂于胎外，入火借其流淌，颜色变幻，听其自然，而非有意预定为某色也。其复火数次成者，其色愈佳。而这种'人巧'的窑变也往往不是一种特定的色彩。窑火精华凝结，偶然独钟，天然奇色，光怪可爱，是为窑宝，邈不可得。"可谓变化莫测，鬼斧神工。张继的《枫桥夜泊》这首古诗如同这件窑变釉器，自然朴素，情味深远，让人产生联想，回味无穷，意犹未尽。

　　窑变陶艺"竹桶"，可以盛水，用作花器，因此它不仅是一件漂亮的装饰器，还是一件可以实用的花器。

影青釉·观音手水洗

走进石湾公仔街一家"陶艺里柴烧工作室"的店铺，我一眼相中了这款观音水洗。该器为钵盂型，口径15厘米，胸径16厘米，底径10.5厘米，高13厘米。造型古朴典雅。钵面上，下部刻有云朵纹，一只观音手持着一支莲花，画面简洁明了、清晰大方。

它系景德镇湖田影青瓷，采用洁白细腻的高岭土烧制。其特点："影青釉，是一种

釉色介于青白二者之间，青中有白和白中显青瓷器的专门称谓。"北宋时期，景德镇陶瓷工匠在当地白瓷生产的基础上，成功地烧制了色质如玉的青白釉瓷器。由于胎、釉中铁元素的含量极低，釉的玻璃相清澈，因此，典型产品，胎质细洁，釉色青莹。景德镇的这一项成功发明，很快影响到当时的福建、浙江、广东、广西、安徽、湖北、湖南、四川等省区，相继出现了一批烧制青白釉瓷器的窑场，从而形成了一个庞大的青白窑系。北宋繁昌窑影青釉梅瓶，青白釉瓷器因含钙量高，在1300℃高温下烧制时，釉流动性大，遇

有花纹等凹凸处便聚积较厚，这样，使整器釉面厚薄不一，薄处显白，厚处略深，总体效果浓淡相间，莹润似玉，十分优雅。以此制作茶具，无论杯、碗、盏托，都有一种淡雅的韵致。青白釉釉质含铁量低，釉色白中泛青，釉层细薄晶莹，加上烧质极薄，器上的暗雕花纹，内外都可以映见，在花纹边上，现出一点淡青色，其余几乎都是白色，故称青白釉。也有人将它称作映青、隐青或罩青。

观音手莲花是佛教中常常出现的图案。一只佛手，象征佛祖之无上法相，更有指点迷津、挡灾降魔之意；一朵莲花，象征由烦恼至清净，是开悟、自在、不染凡尘的象征。观音手里拿着荷花是清静人的心灵的含义，是让人们看见观音起一种尊敬和慈悲的心，而在看荷花，他那出污泥而不染。就是我们自己的心灵，所以观音手里拿荷花，寓意着，让人们看清自己，看透自己，了解自己。佛手莲花的组合，也成了祥瑞、禅意和悟道的象征。

作者系景德镇陶瓷学院毕业，根据构图需要，他采用手工拉胚方式，半刀手工刻花而制。刻痕深浅、斜线坡度、斜面宽窄等等都富于变化。每根线条都明显起顿，犹如中国书法之提、按、顿、捺。细线条则以深浅宽窄变化，表现花、叶、水波等范围轮廓。流畅有力，有韵律美感。线条的起顿衔接，准确而自然。手法专业而有自信、娴熟，正可谓"庖丁解牛"。取得了超乎想象的艺术效果。一种竹制成用以划花水波纹的扁平斜口面竹笔，形似排笔，宽1~2厘米，笔端削成阶梯状排列的一根根细竹丝。通过手腕的提按顿捺，划出长短不一、粗细变化的纹理，产生了律动的线条、画面变化，构成了一幅完整的图案。

湖田影青瓷水洗，集造型、釉色、装饰于一体，以极简的艺术语言达到"疏淡含精匀"的审美意趣。体现了传统人文精神中"道"与"禅"的境界。其用途是水洗，现在也有很多朋友用于养花。

总之，影青釉·观音手水洗，造型美观、大气，装饰技艺更是独步青云，纯手工拉坯，半刀手工刻花。构图饱满，线条流畅，洋溢着浓郁的生活气息。是文房用具，也可用于养花的花器，是文人墨客、文玩雅士嗜好理想之物，不愧为一件难得的文玩好器。

影青釉·荷花水洗

　　在石湾公仔街一家柴烧陶艺店我觅得了这款湖田影青水洗。口径10厘米，底径8.5厘米，胸径14厘米，高9厘米，该器呈圆鼓型，釉水好，胎细白水洗中央暗刻一支怒放的荷花，画面简洁明了，细腻大方，作者曾伟翔，广东石湾人，毕业于景德镇陶瓷学院，也许是出生南方，从江南清澈的湖水和葱翠的原野中获得了灵感，而创作造就了这款影青瓷——荷花无比精美的作品。

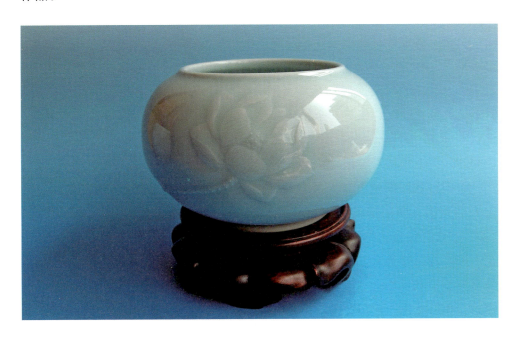

　　影青瓷又称映青瓷，是汉族传统制瓷工艺中的珍品，其前身是青白瓷，被称作"色白花青"的影青瓷是北宋中期景德镇所独创，其釉色青白淡雅，釉面明澈丽洁，胎质坚致腻白，色泽温润如玉，历史上曾有"假玉器"之称。

南宋李清照在《醉花阴》中有"玉枕纱窗"之句，玉枕指的就是青白瓷枕。元代青白瓷还印有"玉出昆山"和"玉出昆冈"铭款。南宋时大量生产，而且"著行海内"，是市场上的抢手货。当时的影青瓷绝大部分为薄剔而成的透明飞凤等花纹。这些花纹由技艺高超的陶瓷艺人在坯体上刻制之后，以透明青釉，以高温烧制而成。该水洗应属影青瓷中的精品，为文人喜爱的色彩。

影青瓷造型美，匠师根据构图需要，刻痕深浅、斜线坡度、斜面宽窄等等都富于变化。每根线条都明显起顿、衔接，准确而自然。犹如中国书法之提、按、顿、捺。细线条则以深浅宽窄变化，表现花、叶、水波、娃娃等范围轮廓。流畅有力，有韵律美感。装饰技艺更是独步青云，特别是刻花、划花技法。娃娃纹、莲纹、水波纹等等，画面饱满，线条流畅，洋溢着浓郁的生活气息。粗线条先垂直刻壹刀，再沿线斜刻壹刀。壹种竹制成用以划花水波纹的扁平斜口面竹笔，形似现在的排笔，宽1～2厘米，笔端削成阶梯状排列的壹根根细竹丝。通过手腕的提按顿捺，划出长短不壹、粗细变化的同心水波纹，赋予了莲花荷叶风中翩然起舞的效果。

荷花，属毛茛目睡莲科，是莲属二种植物的通称。又名莲花、水芙蓉等。是莲属多年生水生草本花卉。地下茎长而肥厚，有长节，叶盾圆形。花期6至9月，单生于花梗顶端，花瓣多数，嵌生在花托穴内，有红、粉红、白、紫等色，或有彩纹、镶边。坚果椭圆形，种子卵形。荷花是多年生水生草本；根状茎横生，肥厚，节间膨大，内有多数纵行通气孔道，节部缢缩，上生黑色鳞叶，下生须状不定根。

中国古代民间就有春天折梅赠远，秋天采莲怀人的传统。荷花也成为美化人们生活、陶冶情操的珍贵花卉，被誉为十大名花之一。由于"荷"与"和"、"合"谐音，"莲"与"联"、"连"谐音，中华传统文化中，经常以荷花（即莲花）作为和平、和谐、合作、合力、团结、联合等的象征；以荷花的高洁象征和平事业、和谐世界的高洁。因此，某种意义上说，赏荷也是对中华"和"文化的一种弘扬。荷花品种丰富多彩，是"荷（和）而不同"，但又共同组成了高洁的荷花世界，是"荷（和）为贵"。真心希望，荷花文化能在弘扬和平文化、和谐文化的进程中，也能被更多的人所了解和熟知。弘扬中华"和"文化，对于我们促进祖国统一、维护世界和平、构建和谐社会的事业有着特殊重要的意义。

寓意丰富的陶艺·大吉大利

　　这款陶艺"荔枝"摆件长24厘米，宽11.5厘米，高15厘米。这款陶艺它富有深刻的寓意：一张宽大的芭蕉叶作底座，中国传统文化三大雅之一的芭蕉叶，寓意叶大成荫，表示德行高尚，庇护终身；五颗鲜艳荔枝和枝叶相连接，寓意五子登科；枝杆上还停留着一只七星甲壳虫，寓意富甲天下；荔枝，因"荔"同"利"是谐音，荔枝和枝叶组成一体，同时花果艳丽，兼顾大展宏图的愿望。

　　善做生意的老板娘一进门，马上热情地向我推荐了这款寓意浓厚的陶艺作品，她像念顺口溜似的，一下报了五个名称，"大吉大利"、"五子登科"、

"五福临门"、"富甲一方"、"一帆风顺"。

陶艺从广泛意义上来讲，它是中国传统古老文化和现代艺术结合的一种艺术形式，但是从历史的发展上来说，又是一门综合性的艺术，在发展过程中，经过长了漫长的演变和文化积淀，其中包括了绘画、雕刻、设计等艺术的传承。中国传统的陶艺，是非常具有东方艺术的特征的，而这样的艺术表现，并非一朝一夕能形成的，而是在历史的发展中，经过无数陶艺匠人的创造力，再不断锤炼而来，代表了民族特性，也蕴藏了民族情感。而陶艺的传承，也是中华艺术、思想、情感的传承。

陶瓷艺术在我国的发源十分久远，且在世界历史上都具有很强的代表性，一般来说，因为陶瓷艺术的传承年代久远，各种技艺也逐渐出现和精通，同时不同的民族文化、环境等也影响了瓷器的发展，现在陶艺主要分为传统陶艺和现代陶艺两大部分，都各具特色。到了20世纪80年代中后期，西方现在艺术传入我国并对陶艺技术产生了深远的影响，而陶艺也一度成为了陶瓷艺术的新时尚风标，同时也代表了中方和西方文化之间碰撞。

古往今来，陶艺文化贯穿于大地，逐渐地深入人心，走上人们的生活家具中。在这一过程中，人们对陶艺品不断的改进，也表达和充满了对生活美好的憧憬。艺术家通过自己的想法绘画出自己想要的东西，瓷器上的纹饰图案的文化是丰富多彩的。陶艺品慢慢地被人们赋予了寓意！

近年来，广东人对家居装饰品需求量增大，以花鸟题材的家居陶塑作品，渐渐形成与生肖题材作品同分秋色的局面。因为这类作品渗入了中国文化所倡导的家园感与自然观：连茎带枝叶的葫芦，代表了家族人丁兴旺，事事圆满；莲藕出淤泥而不染，表示清廉高尚，藕又谐音"偶"，寓意佳偶天成；金黄色的瓜果，淳朴甜蜜，代表着秋天的丰收……这些作品无不赋予深层次的精神内涵和美好寓意，给人以清新悦目的视觉享受。

所以，今年漫步在石湾公仔街市面上，明显给我一个深刻的感觉：一改过去古色古香、山公仕女的陶艺形象，而成了满街的铺面里，到处可见这红红火火盛行此类名目繁多的产品。被赋予了丰富寓意的陶艺品，陶艺文化贯穿于岭南大地，逐渐地深入人心，走向人们的生活中。

掌上把件

玻璃·花器

所谓"花器"即是指栽种花草之容器的总称。其材质多种多样，如：陶制、玻璃、塑胶、木制、石制等，其样式、尺寸有变化。其形态更是五花八门，根据需要有多种形态，有盆形，有钵形，有长方形，还有吊篮形等，根据植物的实际需要和种植方法而确定。

这件花器，是多年前在城隍庙一个工艺品商

店购得的，记得它是来自北方的商家，介绍说是外销产品，当时带来的货不多，但是价格非常昂贵，我被它大气的造型和靓丽的色彩深深地吸引了，当场就将大小不等的一对花器买下了（一件小的，已经赠送友人了）就留下了这件东西。其实它是一款高档的出口外销产品。

这件花器，钵盘口径25厘米，高23厘米，底座12厘米。它整个造型呈"酒杯"状，分三部分组成，上部为盛器呈钵状造型，似为米黄色（呈淡咖啡）内侧是纯色，外表则有不规则的线条花纹组成，煞是精致靓丽；中间为带有弯曲自如拉丝玻璃酷似欧式风格的罗马柱子为花器的躯干部分，不仅颜色漂亮，而且造型高贵典雅；下部为圆盘形底座，上面线条简洁明了。整件器型给人以大气、美观、古朴、典雅的感觉。作为一名酷爱艺术的爱

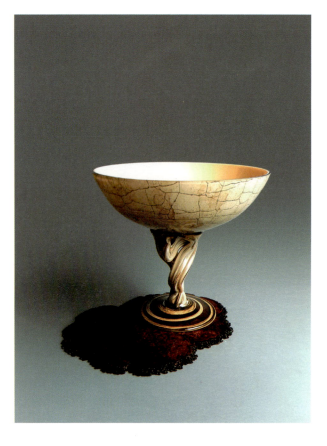

好者来说，从国内见到的、还是到国外看到的，从本地到外地的，无论高档的友谊商店、华宝楼等大商场或是普通的藏宝楼、聚奇城等等，从未见到这如此美丽、如此漂亮的东西，价格当然很昂贵，我小心握在手中，想仔细欣赏，营业员看我这身普通衣着打扮形象，当场有意提高了嗓门，先向我报出了东西的价格，但是我依旧不理不睬，看了又看，真是爱不释手，因为喜欢毅然从后裤袋中掏出大把钱，如数付之，营业员立马一改起初的脸色，认真帮我包装好，然后微笑地将这对花器包装后递给了我。

玻璃艺术品是指融入了艺术家的创见与思想的、反映现代生活的、具有艺术价值、装饰价值、人文价值、收藏价值的玻璃制品。对于中国玻璃艺术时间相对不长，不如西方，但是在玉器、瓷器等方面的历史，要远远超过西方。我国传统收藏门类来说，无论是玉器、瓷器还是铜器等都享誉世界，名望已经很高了。

一件好的花器，瞬间能提升环境空间的颜值，"好马配好鞍，好花配好器"。植物也需要好的花器衬托，要想提升家中格调，添置一款合适的花器，一方面给家中带来生气，另一方面能让人了解主人的高雅的情调和浓厚的生活气息，这件花器确实让人回味、令人赏心悦目！

侧把紫砂壶

　　侧把紫砂壶，又称侧柄壶。侧把壶最明显的特征，就是壶把如握柄，位置与壶身成直角，是一种常见的壶型。唐代人们饮茶是用煎茶法，将茶饼碾碎放入壶或釜中煎煮。一般侧把壶的手柄相对较为细长，似插在茶壶上，不仅在使用时方便抓取，而且拿壶也绝不烫手。侧把壶的另一个名称，则是叫作"急须壶"。

　　这把侧柄壶体量适中，它长15厘米（连柄），直径9.5厘米。是我父亲外出买来的。父亲生前平时爱好喝茶，这把壶是由他自己买的，一直存放在家中柜里没有用过。我虽然不爱喝茶，但却收藏了不少各种茶壶，带手把式样的壶正好没有，于是现在就成了我的藏品了。

这把壶泥质细腻相当好，应属缎泥原矿壶，也可称谓"老团泥"，产于江苏宜兴黄龙山，原矿外观近白色，夹深绿斑点；除可当泥胚制陶外，亦可磨筛成细颗粒，作为调砂效果之用；烧成后呈次鹅黄色，略含极少数红色斑点。另一缎泥之原矿为本山绿泥，产地亦为黄龙山，原矿呈绿灰色，是紫砂泥中夹层中的夹脂，烧成后呈米黄色调。泥料内所含颗粒较大结构疏松，器身明显成双气孔结构，空气对流顺畅；日久使用，渐露锋芒，养成变化甚大，为养壶之最佳器材。泡茶好喝，赞不绝口！早期泥料调配跟早期窑炉所升温度较低，在一般缎泥产品，近期来所用窑炉为高温窑，所烧成之缎泥壶，可轻易提升至所须温度，而真正达到较高的结晶，绝不吐黑。

这把壶，大小适中，手感正好，器型完美，更可贵的是它的泥质好，砂壶越用越新、越亮、越润，日久生灵岁月增辉；千百载更显沉稳而古朴、苍劲而精神。

它是长生不老千年不朽之物；它水火兼容何惧腐蚀；它冷暖两宜，不挑主人不嫌贫富；它以不变应万变，无论何时何地哪怕天涯海角，甚至遗忘抛弃入土千年，变不了它的身份和那份真诚，更珍贵的是，他是父亲留给我的一把壶。

瓷艺蜗牛

蜗牛属于软体动物，腹足纲，触角有一对大的，一对小的，它的眼睛长在大的一对触角上，它的眼睛很小所以我们要用放大镜才能看见它的眼睛，同时它的嘴巴、鼻子也很小，取食植物产卵于土中或者树上。蜗牛从旷古遥远的年代起就已生活在地球上。它的种类很多，遍布全球。蜗牛凭借自己那种坚持不懈的精神，朝着自己的目标爬行、永不放弃，成了人们心中崇拜的吉祥物，所以通常成为艺术家创作的题材。

这组"一家亲"景德镇瓷艺蜗牛，是我2018年初，在莫干山路M50创意园"漫生快活"瓷艺店觅到的。公蜗牛长12厘米，宽8.5厘米，高15厘米，它昂着头正前行着，中间一只小蜗牛长11.5厘米，宽5厘米，高6厘米，它正低着头努力学着前行，母蜗牛长17厘米，宽9.5厘米，高10.5厘米，它正呵护着小蜗牛前行。作品生动地展现"一家亲"的温馨场面，同时更教育了我们；只要认真下决心，任何事情都能做到的，"天下无难事，只怕有心人"。

蜗牛，这种不起眼的生物，在墙角下、石缝间和草丛里，随处可见。其貌不扬，却有自己的原则：它心胸坦荡，凡走过的地方留下闪闪发光的痕迹，不隐瞒自己走过的弯路，犯过的错误；它勇往直前，为了"理想"永不放弃，知难而进。启示我们：人生总会不可避免地遇到这样或那样的艰难与挫折，但只要不畏艰难，坚持前行，最终一定会到达胜利的终点。自古以来，古人们就对它大加赞颂："腥涎不满壳，聊足以自濡。"出自宋代苏轼《蜗牛》，意思是：虽然它分泌的液体不多，但是足够保证自己爬行的。"长羡蜗牛犹有舍，不如硕鼠解藏身"出自唐代白居易《卜居》，意思是：一直羡慕蜗牛能有自己的房子，自己还比不上硕鼠能有藏身的地方。

蜗牛在中国寓意着努力的精神。虽然它爬行的很慢，但它不会放弃。在很多歌曲中，蜗牛背负着重壳前行，也寓意着不屈不挠、锲而不舍的精神。

另外，现代的生活事实，又赋予了它的新的含义，由于买房的压力巨大，蜗牛也被用来形容背负房贷的上班族，这是一种新的含义。蜗牛的幸福是：一步一步往上爬，等待阳光静静看着它的脸，小小的它，却有大大的梦想，重重的壳，裹着崇高的希望。为幸福而努力，为梦想，而奋斗坚强。我们赞美蜗牛的勤劳、刻苦，虽然收获甚少，但是只要脚踏实地，一步一步从脚下做起，希望和梦想一定会实现的。

德律风根音响

　　这件德律风根音箱，大约是在六七十年代，喜欢音乐的父亲从寄售商店买来的。它外观造型高贵典雅，色彩古朴，给人感觉恰似一件古色古香的老红木材质的物件，其实是外国进口的喇叭音箱（不含机器）。它长40厘米，高37厘米，厚18厘米。应当是一件少见的古董品了。

　　经内行人鉴定它是德律风根音箱，产自德律风根公司，古董音箱已经"上了年纪"至少是一百年以前的东西，它由德国通用电力公司和西门子公司联合于1903年成立的。电器音响界德国的德律风根是大名鼎鼎，但是其门下牌子的音箱少之又少，同是科技发达的国家，历史悠久且音乐家辈出。五十年以前的喇叭技术，没有HiFi音质，也没有超低音，是配电子管功放的，是全频喇叭，中音还比较好听。

　　当时买的仅是音箱空壳子，但它的外表靓丽，确实漂亮，人见人爱。音箱没有古董和现代的区别，只要声音好，就是好音箱。如果声音不好听，就是三十年代的音箱，也没有使用价值。如果音箱品相好，比较特殊，音箱收藏者，就可以收藏，但价值都不是很高。据说德律风根音箱喇叭听中音的人声不错，那个年代，基本是电子管功放，低音效果都比较差，都是纸盆喇叭，所以中音比较好。

现在电子管功放因为中音表现比较好，又流行起来，电子管功放配老式纸盆喇叭就是最佳配搭。但电子管功放毕竟是古董级老技术功放，缺点很多，低音差功率小就是致命缺点，没有晶体管甲类功放整体性能好，以后会逐渐被淘汰出 HiFi 音响的行列。

这个应该有一定的收藏价值。关于收藏品的收藏价值已经回答很多次了。值不值得收藏？它自有物质、精神两方面的意义。一方面，它是承载历史、文化、艺术信息的商品，其价值具有不稳定性，随着时代风尚、审美趣味的变化而变化。而整体上呈上升趋势。以书画为例，齐白石的同一幅画，在七十年代值100元，而到现在，可达到30万元。至于古代的书画，经年累月，其涨幅就更大了。

在现代社会，从事收藏已成为人们重要的投资手段。相对较低的投入、和相对较高的产出，低风险、高效益的文物收藏已越来越受到有识之士的青睐。在经济日渐繁荣的今天，收藏已不再成为文人雅士的专利，而逐渐成为人们经济生活和精神生活的一部分。

一生节俭却热衷于家具等文物收藏的王世襄，潜心于发掘濒于失传的家具等文物收藏"冷门"学问，最终以不屈不挠的精神，写出了中国第一部有关古代家具的专著《明代家具珍赏》，填补了中国工艺史上一段长时间的空白，更为收藏家或研究者提供了一本不可或缺的参考手册。有人说，他"玩"出了后无来者可以继承的"世纪绝学"。因此，说收藏可以陶冶情操、修身养性是有道理的。它要求收藏者具备理性的经济头脑的同时，还要有很好的艺术的修养。收藏者在收藏的过程中，潜移默化地将自己培养成理性和感性结合得相当和谐的现代人。

帆船运动

　　小品《帆船运动》，我选用了一方随形风凌石，该石长38厘米，宽25厘米，高4厘米。全由沙粒状组成，酷似铺满鹅卵石的沙滩上，并精心挑选了形象逼真、精致的德国Preiser HO（1∶87）比例的微塑树脂帆船、人物模型：帆船长6厘米，宽1.8厘米，高9厘米；运动员身着救生衣，姿态各异，高2.2厘米，长1.5厘米，宽0.5厘米左右。一幅海滩帆船运动画面生动呈现。

帆船运动，是运动员依靠自然风力作用于船帆上，驾驶船只前行，是一项集竞技、娱乐、观赏、探险于一体的体育运动。帆船既可在动压力的推动下顺风行驶，也可在静压力推动下逆风行驶。但帆船的航向不是完全没有限制，在正逆风左右各约45度角内，是无法产生有效的推进力的。但是太顺风也不是很好的，因为这时伯努利效应消失。船靠风对帆的动压力推动，而动压力的大小决定于风对帆的相对速度，相对速度越大，动压力就越大。所以动压力对帆船来讲，并不是持续高效的动力来源。只有最好的航行方向，与风向成一定夹角，使船获得比较高的航行速度。若船要逆风行驶，船的航行方向应与风向成一夹角，所以必须采取Z字形的路线。（Sailboat）是利用风力前进的船，是继舟、筏之后的一种古老的水上交通工具，已有五千多年的历史。按船桅数可分为单桅帆船、双桅帆船和多桅帆船；按船型划分有平底和尖底帆船；按首型分为宽头、窄头和尖头帆船。中国宋、元、明、清时代使用过的帆船有平底沙船、尖底的福船、广船和快速小船鸟船，以及大型战船楼船和运粮的漕船。

帆船起源于居住在海河区域的古代人的水上交通运输工具。15世纪初期，中国明代郑和率领庞大船队7次出海，到达亚洲和非洲三十多个国家，所使用都为风力驱动的帆船。现代帆船始于荷兰。帆船作为娱乐活动起源于16~17世纪的荷兰。19世纪英、美等国纷纷成立帆船俱乐部，1870年举行了横渡大西洋的美洲杯帆船赛。比赛用的帆船通常是由船体、桅杆、舵、稳向极、索具等部件构成的小而轻的单桅船。帆船运动具有较高的观赏性，备受人们喜爱。它已经成为世界沿海国家和地区最为普及而喜闻乐见的体育活动之一，也是各国人民进行体育文化交流的重要内容。经常从事帆船运动，能增强体质，锻炼意志。特别是在风云莫测，海浪、气象、水文条件的不断变化中，迎风斗浪，能培养战胜自然、挑战自我的拼搏精神。

小品《帆船运动》风凌石显现了沙滩的逼真面貌；采用德国3D打印的树脂人物，船模栩栩如生。生动形象地诠释了帆船运动的景致。

翡翠·如意人参

　　翡翠，也称翡翠玉、翠玉、缅甸玉，是玉的一种。它的正确定义是以硬玉矿物为主的辉石类矿物组成的纤维状集合体。世界上任何玉的颜色，都没有像翡翠的颜色那么艳丽、丰富，它给人以生命活力，碧绿清澄生机盎然。

　　这件摆件长18.5厘米，宽3厘米，高9厘米（不连座）。因此体量还是不小的，上面依据不同的物种雕刻许多寓意丰富的图案，有蝙蝠，寓意福到。五个蝙蝠表示五福临门，蝙蝠和铜钱在一起表示寓意福在眼前，蝙蝠与日出、海浪在一起，表示福如东海。带有蟾的图案，寓意富贵有钱。翡翠上带有几只寿桃的图案，寓意长寿祝福。另现两只石榴，表示一种吉祥、吉利的意思，寓意多子多福。石榴果"万子同苞、金房玉隔"，意味着"多子"，象征美满的姻缘。

俗话说:"玉必有工,工必有意,意必吉祥。"几千年文化积累和筛选,精炼出许许多多的优美传说、典故,这为玉器雕琢各种各样的精美图案,提供了丰富的素材。中国文化也滋养了一批批能工巧匠,他们从大自然中得到灵感,化腐朽为神奇,为翡翠深加工做出了贡献。传统的民族性元素来自于民间,有着崇尚自然、自由活泼、豪放等特色,体现人们对传统的寻求和对自然的亲近。在民间,玉石被赋予了吉祥如意、招财进宝、幸福长寿等多重美好的寓意,深受百姓的喜爱。翡翠如意是我国最为传统的翡翠吉祥物,也是被百姓所接受并且广为流传下来的古代玉雕饰品,成为大家认可的一种翡翠寓意饰品。

在漫长的岁月中,我们的祖先创造了许多对美好生活向往和追求寓意吉祥的图案。它融合了劳动人民的欣赏习惯,反映了人们善良健康的思想感情,因而在社会上广泛流传,为人们所喜闻乐见。吉祥图案广泛应用于历代翡翠上。"穿金显富贵、戴玉保平安",这些图案生动逼真,多种多样,包括人物、器物、动物、植物等,表现内容有祈求福寿吉祥、平安如意、多子多孙。玉是中国人手中的宝,更是心中的魂。

翡翠如意寓意吉祥,一直是我国传统文化中应用最广的纹饰。中华民族有几千年龙纹图腾崇拜的历史,而伴随其左右的变化多姿的凤鸟纹更是皇家象征天下太平、吉祥如意的瑞物。翡翠人生如意之所以被称为"如意",是因为可以使拥有它的主人事事如意,把烦恼都抛之九霄云外,每天的生活开开心心,称心如意。翡翠"如意人参"不愧是一件难得的好摆件。

罕见微塑盆景

处暑将逝，酷热难熬的日子已近尾声，8月31日天高云淡，偕友人陆云龙、张静庵拜访了"马伯钦微型山水盆景工作室"。踏进屋内就被眼前震撼了，从厅里到阳台，从北屋到南屋，从墙上到玻璃橱里，上千件微型盆景映入眼帘，真是琳琅满目，层层叠叠，目不暇接。

马伯钦的作品精彩纷呈，栩栩如生，名目繁多，有传统戏曲为体裁的沪剧名段《庵堂相会》、昆曲《牡丹亭》、传统京剧《林冲夜奔》等作品，展现脍炙人口的名家名段；有风景名胜的"走进江南"、"烟云古镇"、"渔家春晓"等系列作品，再现江南水乡安谧祥和的乡村生活；也有中国古典诗句为主题的融入其中，令人浮想联翩、意犹未尽的"独钓寒江雪"、"春眠不觉晓"、"借问酒家何处有，牧童遥指杏花村"借诗赋景，呈现更深意境……马伯钦以盆景为载体，以小见大，微中见奇，借物抒情、寓情于景、以景寄情，以情托意的创意微盆景。真是让人大开眼界、大饱眼福，可谓是独辟蹊径描绘传统山水美景，呕心沥血创新传统盆景。

走进他的工作室，从最右侧玻璃橱里，有意挑了一件巴掌大的宝笼装的盆景，掀去笼框，近距离欣赏：红酸枝木的笼底，长18厘米，宽11厘米，底脚高2.5厘米。一个三层架上，竟摆放着十盆不同石料、造形各异的微盆景，它们长2~8厘米，高1~3.5厘米，宽2厘米。根据山形特质，采用玉料精雕应景盆底。山型各异，有横卧式、侧卧式、悬崖式、不对称平衡式，甚至还有壁挂式，真是千姿百态，精彩纷呈。见者无不为之啧啧称赞、惊叹叫绝。

马老先生今年89高寿了，精神依然矍铄，他生于1935年，浙江绍兴人，中国盆景艺术家协会会员，自幼着迷绘画，青年时期进上海青年美专攻读美术，由钱延康、杨祖述、钱鼎名师指导系统学习水彩、油画。是首届上海市工人文化宫创作组员，后经张乐平、乐小英指导从事漫画创作，期间在《解放日报》《新民晚报》《劳动报》等报刊发表百余幅作品。所以为他从事山水盆景的构思、造型、创作等，打下了扎实的良好基础。

"无声的诗，立体的画"是对盆景艺术的最高赞誉。他学美术出道，钟情黄宾虹的山水，曾道：黄山之雄、华岳之险、雁荡之奇、漓江之秀，均是山水盆景制作的绝妙体裁，自己有能力将它们塑造出来。

马伯钦的微型盆景不追求怪异、不迎合潮流，只求贴近生活、雅俗共赏、求真求实，退休后，他先后受聘于上海市盆景赏石协会担任理事；创建《上海盆景赏石》杂志，担任主编两年。2005年由上海文化出版社出版了由他主编的《盆景造型艺术资料汇编》；2009年由上海同济大学出版社出版了由他主编的《盆景造型艺术图谱》。2010年7月由上海科学技术出版社出版了由他主编的《中国微型山水盆景制作与鉴赏》；2018年由个人出版了《诗意微型盆景1000例》；2020年中国林业出版社出版了由他主编的《现代创意盆景》等专著。十余年来自己动手制作了一批由风景、诗词、故乡、戏剧等创意的山水盆景，同时收藏部分名家作品与摆件，家居藏有小型、微型、指上盆景数百盆之多。在居室挂着："书香墨趣流雅韵，满室山石成盆景，白发皓首如童心，自寻乐趣悦无境。"真所谓"静观自得无时不乐，虚怀所契大地回春"，不出门外可以卧以游之。他就是这样一位酷爱盆景艺术、献身盆景艺术，立志要将黄宾虹的画、唐代的诗、当今的风景名胜，浓缩到盆景中去，做到"盆小意境深"、"景微情趣浓"。小盆景它独立成景，自然成画：一景、一趣、一意境；一画、一意、一天地。闲暇之时，把玩欣赏，睹物生情，浮想联翩，真是让人痴迷、兴奋和陶醉！

荷塘小趣

　　这件"荷塘小趣"小碟画瓷盘，是好友钱璧娟老师赠予我的。瓷盘虽小，但相当精致。系景德镇高白釉瓷，由著名国家级大师赖德全于乙亥年秋月（1995年秋）在华宝楼当场所绘。直径13.3厘米，高3.3厘米。

　　徜徉于荷塘畔，微风轻拂，荷池泛起微波，翠绿的荷叶上有无数晶莹的露珠滚动着，荷叶和花朵也轻轻地摇曳起来，好像在翩翩起舞，引来几只蜻蜓在荷池上空飞舞，一只羽毛丰满的美丽翠鸟昂首伫立于塘中的竹竿上，四处张望，神气十足。这真是一幅高雅素洁的风景画呀。一朵紫色盛开的莲花向天怒放，带有黄色莲蓬周围散发鲜艳美丽的花瓣，犹如一个精致的托盘。一阵风吹来，似乎吐露出荷花的清香与河面清新的空气，一阵神清气爽。荷花，亭亭玉立于笔直的茎端；圆圆的、硕大的绿色荷叶，铺满湖面。好

一幅迷人的图画啊!正是宋代诗人杨万里的名句"接天莲叶无穷碧,映日荷花别样红"的生动写照吗。透过密密层层的荷叶,可见一根根墨绿的,长着小刺的荷梗在水面上昂头挺胸。荷梗上小扇子似萼片衬托着亭亭玉立白里带粉的荷花,荷花千姿百态,各不相同。花儿们有的全开了,露出嫩黄的小莲蓬;有的才绽开几朵花瓣儿,像一个害羞的小姑娘向路过的行人微笑,几尾小鱼正在水草中游弋,花草葱茂,荷塘野趣,尽收眼底……这真是一幅充满生机、高雅素洁的风景画呀,其画面色泽明丽,布局饱满。其运色随心而至,挥洒淋漓,水漫趣生,云雾朦胧,形神不散,若润含春雨,有过之而无不及。虽笔墨有尽,然意韵却无穷。观之,如身临其境,如痴如醉,好似进入返璞归真境界。

陶瓷花鸟画兴起于唐代后期的长沙窑,在明清时期达到发展的高峰,形成了深厚的传统。进入改革开放以后,随着人们审美观念的转变,使陶瓷花鸟画进入到深入思考的课题。而赖德全在陶瓷花鸟画艺术上,既深入地传承与挖掘传统,又吸收现代的多元绘画元素,为陶瓷花鸟画的当代发展树立了一个值得学习的典范。

赖德全是原景德镇陶研所党委书记、所长,中国工艺美术大师、教授。现任景德镇陶瓷研究院名誉院长,现代艺术博物馆长,景德镇市新联画院院长,景德镇市艺术陶瓷专业委员会主任,全国先进工作者,中国工艺美术学会高级会员。

出于对赖德全大师的欣赏和崇拜,我曾两度专程赴陕西路景德镇瓷器商店、华宝楼二楼工艺品专柜,亲历目睹他和多位景德镇大师的现场表演画瓷盆场面,他擅长画四季山水风景画,信手拈来,下笔如神,一个十寸大小的瓷盆,他大约化十多分钟的时间,便可以基本完工了,当时市价五千元一个。

笔触流利生动,风格活泼豪放。如莲荷秋叶纹枕,枕面画野塘翠鸟、残荷败草,呈现一派深秋景色。格调与此相反的鱼游图,只是草草几笔,便描绘了翠鸟停落在挺拔的竹枝上,竹枝似在微微摇颤,充满逗人情趣和盎然生机,大师准确地抓住了瞬间的动态,意到笔随,情景交融,颇为佳作,成为我瓷艺收藏中的一件宝贵珍品。

红色车料玻璃花瓶

　　这件车料红花瓶，是我多年前在城隍庙原藏宝楼觅来的，它是全手工车刻，采用多种几何图案花纹刻制而成，直径18厘米，高45厘米。体量适中，适合用于插菖兰、蜡梅、富贵竹等大型插花之用。

　　车料是一种国外盛行的一种玻璃加工工艺，特别是欧洲比较流行玻璃上的西式刻花，多用于高档玻璃器皿，如花瓶、灯具和食用器皿等。在艺术插花玻璃器皿中，常见有拉花、刻花和模压等工艺，以车料玻璃最为精美。据说车料玻璃器皿的花纹是手工制作的，用一个高速旋转的像飞盘一样的轮子磨具，然后技师拿着花瓶一点点靠近，这样刻出来的，其中应该要经过多道工序完成。车料玻璃以前在欧洲是贵族的专用品。

　　车料玻璃制品的几何尺寸可以很精确，棱角分明，表面平整度和光洁度较高，而且不易破碎；硬度较低，相对普通玻璃软而不脆，在上面刻画容易出现划痕而不是裂开（玻璃刀对它不好使）。

　　水晶玻璃其名为人造水晶，由于天然水晶的稀少和不容易开采，不能满足人们的需求，人造水晶玻璃就诞生了。由于通透度高，可制成各种工艺品而大受世人的青睐。加工工艺不同玻璃可以热铸成型，省料省工成本低；水晶是结晶体，加热融化后不能逆转，只能用切磨等冷加工发，费料费工成本高。水晶硬度高，不易磨损。玻璃硬度低，容易擦毛。水晶稳定性好，长久使用不会变色。而玻璃则容易泛黄。

　　精雕细琢显匠心，剔透夺目耀光辉，双色套料，手工车刻几何图案，规整华丽。水晶玻璃特有的通透感在光线下呈现彩色折射，手感扎实厚重。作为花瓶极有特色，直接作为摆件亦是精彩纷呈。经典耐看，高贵典雅，全手工精刻全水晶器皿。

　　每逢过年或过节，我喜欢到花卉市场，采购适时的花卉插入车料红花瓶中，立刻给家中带来了无限的生机，它不同于普通的花瓶，比较大气，更显典雅高贵，因为它是水晶玻璃制品，水晶珍品不仅晶莹剔透，造型别致每件作品都具有独一无二的魅力。

居仁堂开片瓷印缸

　　"居仁堂制"瓷器，是1916年袁世凯称帝后，派郭葆昌在景德镇督烧了一批以水彩和粉彩为主的"御用"瓷器，其工艺水准达到清官窑的水平，是景德镇瓷业在衰退中产生的一朵奇葩。郭葆昌原是袁世凯的管家，在袁准备登基当皇帝时，派他到景德镇前清官窑厂烧制瓷器，在他的督办下，烧出了一批高质量的瓷器，"居仁堂制"款（袁世凯当时居住、办公都在中南海居仁堂）瓷器，件件造型规整，瓷胎既薄又白，彩质纯净，绘画精美。

该印缸直径13.5厘米，高5厘米。印缸是盛装印泥的，其质地一般运用细瓷、玛瑙、玉等不吸油的带盖印泥盒内，亦称印泥缸。（金属的盒子不可用，因为会与朱砂产生化合反应，导致颜色改变。）

由于"居仁堂制"款真品的数量本来就少，袁世凯也仅仅做了八十三天的皇帝，加上公众对袁世凯的鄙视，以及垮台后的时局动荡，能保存下来的真品少之又少，可谓稀世珍品，且由于真品极少，可参考的资料有限，不能以一般价值来"居仁堂制"瓷器，其工艺水准达到清官窑的水平，"是景德镇瓷业在衰退中产生的一朵奇葩"。

署"居仁堂制"款的瓷器，即所谓的洪宪瓷，是民国五年袁世凯称帝改元"洪宪"时的特制瓷器，也是景德镇御窑厂烧造的最后一批御用瓷。基本特征：雍正、乾隆朝最优秀的清官窑瓷器品质，主要画面应该是富贵喜庆，柴窑烧制，款为当时流行的四方手书红圈款。因为"洪宪瓷"在中华瓷器史上的独特价值，历来为藏家所重视。但由于袁氏的"洪宪帝国"太过短暂，以至于很多瓷器未及烧造成功便窑火渐冷，所以不管是"洪宪年制"或是"居仁堂制"的袁氏瓷器均鲜有真品面世。这就给民国以来的洪宪瓷仿制者以可乘之机，各种各样的仿品、赝品均加"居仁堂制"款识鱼目混珠，借以牟取暴利。

古玩行是一个充满传奇的行业。一面铜镜，照一段颠沛岁月；一块美玉，锁一段啼笑姻缘：一张书法，抒一场人生感慨：卜堆瓷片，寄一则奋进箴言；一张条案，诉几多人生无奈；两枚大钱，讲一桩捡漏奇谈。得一只犀角杯，三生有幸；丢一只黄釉盘，错失百万。拍案叫绝，是一段笑谈，挥手抹去，是一曲辛酸。总是有那么多那么多的惊喜与失落，总是有那么多那么多的欢呼与嗟叹。

"居仁堂"原名海宴楼，为慈禧太后所建。袁世凯称帝后，将该殿作为寓所，并改名为"居仁堂"。"居仁堂制"款瓷，为正宗"洪宪瓷"。它是督陶官郭葆昌邀集清朝御窑厂的高手，由鄢儒珍负责，以雍正、乾隆朝最优秀的瓷器为蓝本，精心仿制而成的百件的高级名贵瓷器。其胎质白润，绘画细腻，色彩清淡，玲珑轻巧。因存在时间短、数量稀少，"居仁堂制"款瓷极其珍贵，备受藏家珍视。综上所述所以此件"居仁堂开片瓷印缸"我认为它应该是仿制品，不过其制作还可以，让我享受了一件号称"居仁堂制"的仿品。

琉璃佩件·白菜

　　这件白菜佩件是多年前在上海城隍庙工艺品店觅得，长6厘米，叶子直径4厘米，根直径2.3厘米。这是一块由半白半绿的琉璃而制成的白菜，绿色部分为弯曲自如的菜叶，白色的部分则成了菜帮，由于琉璃色泽润泽，做工精巧，所以它成了一颗栩栩如生的"白菜"。

　　白菜，又叫小青菜，油菜，瓢儿白等，是十字花科芸薹属一年生或二年生草本植物；花瓣黄色，长圆形；果实为长线形；叶坚挺而亮，椭圆或长圆形，色泽青绿，相对于大白菜而言，叶片较小，植株也较小，故名。

青菜原产于中国，是黄河和淮河流域的地方特产蔬菜之一，全国各地普遍栽培，以山东和江苏等地种植较多。青菜是蔬菜中含矿物质和维生素极丰富的菜，其所含的钙、维生素、胡萝卜素都比大白菜丰富，因此青菜也是中国常食用的蔬菜之一。

琉璃，亦作"瑠璃"，是以各种颜色的人造水晶（含24%的二氧化铅）为原料，在1000多度的高温下烧制而成的稀有装饰品。其色彩流云漓彩，品质晶莹剔透、光彩夺目。中国古代最初制作琉璃的材料，是从青铜器铸造时产生的副产品中获得的，经过提炼加工然后制成琉璃。琉璃的颜色多种。琉璃是人造水晶材质。常见的有绿色、蓝色或黄色，现则可用不同的化学配方调制成各式颜色。可加在黏土外层，烧制成缸、瓦、盆等，也可用于建筑。

琉璃的制作在中国已有二千多年的历史，自古以来一直是皇室专用，对使用者有极其严格的等级要求，所以民间很少见。被誉为中国五大名器之首（金银、玉翠、琉璃、陶瓷、青铜）、佛家七宝之一，到了明代已基本失传。不过即使是明代很残缺的工艺依然是受到品级的保护，当时的琉璃已经很不通透，所以被称为药玉。《明制》载：皇帝颁赐给状元的佩饰就是药玉，四品以上才有。

琉璃的价格比水晶还高，其原因有两个方面：其一，古法琉璃材料的特殊性，而且其工艺极具复杂性与高难度，因此其成本非常高。其二，琉璃是一种文化产品，不仅仅是一种材质，更重要的是，琉璃产品是独一无二的，世间没有两个一模一样的琉璃产品。

"百菜不如白菜"，在老百姓眼中，那大白菜就是菜中珍品，当然过年的餐桌上也少不了它的身影，更何况价格也便宜，不管有钱没钱都能吃得起，最主要的是寓意好，白菜谐音"百财"，有百财聚来之美意。而且做法多样，可以凉拌也可以做馅料，无论怎么做，都鲜美可口，白菜一来，来年财源滚滚来。

鎏金铁锈釉茶叶罐

人们常说："茶如人生"，第一道茶苦如生命，第二道茶香如爱情，第三道茶淡如清风。一杯清茶，三味人生，人的一生宛如一片一片茶叶，或早或晚要融入这纷纭变化的大千世界。茶叶是一种干品，极易吸湿受潮而产生质变，它对水分、异味的吸附很强，而香气又极易挥发。

我的业余爱好就是喜欢搞些收藏，虽然对茶叶不大喜爱，但我的茶具收藏还真不少，光壶就有几十把，但大多不是名家名壶，而多为形态不同的样式。此外，收藏的茶叶罐也不少，有瓷、陶、铁、竹和木等多种材质。

这件鎏金铁锈釉茶叶罐呈罐状形，口径11厘米，胸径16厘米，底径10厘米，高19厘米。罐盖材质考究、简单，是采用无纺布包裹软木塞，密封不透气，防潮锁香，存取便捷。它是邻友小董前几天刚送给我的，开始对它的材质感到疑惑，似陶？又似铁？小董回答也不知道。后经我仔细查阅了很多资料，才让我清楚地明白了，它应该是陶制材料，产之于福建省的泉州陶艺。

鎏金铁锈釉，是一种瓷器釉色名，它是一种结晶釉，在黑釉层里呈现灿烂闪光的褐色花纹。它的造型古朴，颗粒粗糙而又亮着光泽的深棕色釉面，让我们感觉到空气中的沉闷浓烈之感，其底部平稳，可见内胎，放置安稳，不打滑。它造型简洁流畅，韵味十足，以幻化的斑彩展示了自然的雅致之美，以它泰然自若、藏而不露的个性，展玩了现代人静思求远，返璞归真的生活态度。同时能让品茗的人们感受着一份独自沉浸的恬静与感恩。展现茶道之美，从质地上区别，茶叶罐一般有锡制、铁制、陶制、瓷制、玻璃、纸制等，其中以选用有双层盖的铁制彩色茶叶罐和长颈锡瓶为佳，而采用陶瓷罐贮存茶叶，则以口小腹大者为更宜。

　　这款器形工艺精湛、拙朴，式样大巧，鎏金铁釉，大家风范，体现了君子爱茶，储之有道。成为一款热销最佳产品了。最朴实无华的器物，却蕴涵了无与伦比的厚重、典雅之美，这种深刻的领悟需要岁月的磨练与积累。它的质朴与率简绝非一般茶客所能体会，它带给我们的是饮后的悠然与惬意，是唇齿间流淌的甘冽与清醇！

迷你博古架

　　因为喜欢收藏，家中各种式样的博古架就有几个，如长方形、圆形、扇形、花瓶形……但是尺寸体量最小的，是这件呈菱形的（九孔格），为我最喜欢的。它长9.6厘米，宽3.5厘米，高13.5厘米，可谓是迷你博古架。

　　里面摆放着九种不同材质、样式（人物、动物、摆件），虽然它们题材不同，但是它们的共同特点都是精品、珍品，是我钟爱的小东西。从下往上，自右向左依次描述：第一层,1.一对金鱼（红高头，寓意鸿运当头）宜兴微塑、2.石刻《捕鱼》沪上石刻高手、3.正宗象牙微雕"全家福"（一对大猪，六只

小猪）；第二层，4.世博会觅得马来西亚皇家雪兰莪锡壶、5.石湾民间微雕高手黎五妹三组人物（当时按人头50元/每个）、6.石湾微塑大师、非遗传人刘国祥《牧牛》；第三层,7.真宗北京琉璃《犀鸟》(俗称 "多情鸟")、8.《小香炉》沪上石刻名家、9.意大利银摆件《河马》。

每件作品相当精致，件件精彩纷呈，它们都是我从各处淘来，有的从外地出差带回，有的专程到产地觅的，也有的在世贸商城、上海展览中心等展销会上淘的……它们真是来之不易，凝聚了我的心血。

博古架又名"多宝格"，是室内隔断的一种，也是用来摆放古玩、玉器等小品的古雅设置，富有装饰、观赏实用价值，也属文房之器，能展现了主人风雅的格调、从容的心境，让我们即便藏诸市井之中，亦可得隐逸之趣。

而我的"迷你博古架"虽小犹大，方寸毫厘之间，仿佛藏纳了一个浩大的天地。山水、花鸟与人在这细微的世界里显得愈发生动。迷你博古架它藏有银器、锡器、琉璃、玉器、象牙、陶雕、微雕等，亦是各有各的情致，各有各的雅韵。平时闲余时间，有时将它们从博古架上取出在手中把玩，有时也"邀"请它们充当"临时模特"也利用一下创作小品，也有无聊时盯着它回忆当时购买的情景……充满了许许多多故事，真是以精致闻名，以雅致见长，虽多为寻常小器，却有千般花样，万般精巧。虽为小器，实有大雅，每件令人难忘，耐人寻味、情趣无穷、充满乐趣！

明式案桌小花几

　　闲逛原藏宝楼的二楼，几乎大部分为海门人的木制工艺品摊位，这几件小花几便是前几年从那里买来的。花几又称花架或者花台，俗称高花几。普通的花几是一般家中的陈设品，专门用于放花卉盆景的，多陈设在厅堂、书斋或寝室各个角落，上置花瓶、盆花和盆景，形式有方、有圆、有六角、有八角，工艺都比较精致，放置室内甚觉雅趣，而小花几则是用于案桌上的陈设品，它们的款式多为仿明清的家具款式。

　　中国传统家具发展到明朝、清朝前期，达到黄金时代。这时期的家具，采用了性坚质细的硬木作材料。在制作上榫卯严密精巧，造型上简练典雅，

风格独特，公认是一个重要的家具流派，专称为"明式家具"。其优秀制品不仅被视为艺苑奇珍，而且对现代家具的影响也日益显著。

中国传统家具的雏形早在商周时期就已经出现了，经过两千多年历史文化的沉淀、积聚了无数中华民族的智慧，中国传统家具终于在明清时期达到了顶峰，其代表作就是诞生于明中期的家具。质朴简练、古雅精丽，明式家具的六大讲究和二十四美为中国家具史书写下了传统家具最高的巅峰。

明代中叶以来，能工巧匠用紫檀木、杞梓木、花梨木等制作的硬木家具，虽然明式硬木家具在全国很多地方都生产，但以苏州为中心的江南地区能工巧匠制作的家具最得大家认可。因此，人们公认苏式家具是明式家具的正宗，也称它为"苏州明式家具"，简称"苏式"。造型优美，选材考究，制作精细是明式家具的三大特点。中国家具工艺有着悠久的历史，发展到明代开始形成独特格式，因而被后人称为明式家具。其特点以做工精巧、造型优美、风格典雅著称于世，在国际上，被誉为"中国家具的黄金年代"。当时，工匠们将最优质的木材、完美的设计和精心的匠艺融汇一体，制造出令西方人惊叹的"如谜一般完美"的家具。明代家具最大的特点可用四个字来概括，即"精、巧、简、雅"选材精良，制作精湛；制作精巧，设计巧妙。明代家具在造型结构上，非常重视与厅堂等建筑相配套，家具本身的整体配置也主次井然，和谐有致，使人感到舒适、安逸，填补空间的巧妙作用；造型简练，线条流畅。几根线条的组合造型，即能给人以静而美、简而稳、疏朗而空灵的艺术效果；风格清新，素雅端庄。明代文人崇尚"雅"，造型上的简练、装饰上的朴素、色泽上的清新自然，而毫无矫揉造作之弊。

明式家具并不是指明代家具，明代家居是专指在明代制作的家具，明代家居是时间概念，而明式家具则是艺术概念，两者有着本质的区别。

明式家居是我国明代形成的一项艺术成就，被世人誉为东方艺术的一颗明珠，在世界家居体系中享有盛名。小花几置于案桌上平添了一份文人的气质。

欧式风情贝壳灯罩铜艺台灯

　　这款简约复古贝壳灯罩台灯，是多年前在上海友谊商店收来的。灯罩直径45厘米，高66厘米，底座20厘米。它大气典雅、古朴艳丽。质感清脆莹丽，与铜艺的灯杆和底座，造型相映成趣。带有绿黄两色的贝壳组成、

有繁复的线条和宛如一朵朵盛开的富贵花。给古典的基调中带来几分脱俗的灵动气息。仿佛穿越时空的古典与优雅，再造视觉的繁华与艳丽，而当这种繁杂的喧嚣遇见现代的简约时，带来和营造了一种古典与现代穿越时光交流融合时的美好的古今交汇视觉新艺术。

整件灯具古典元素沉淀了灯具的文化基调，将欧式宫廷风格融入到灯具的细节当中，在低调中彰显出奢华的质感。中轴线均匀分布的对称设计，带来大气稳重的整体印象，清晰柔和的绿色灯光渐渐氤氲开来，仿佛呼吸着来自中世纪舞会上欢乐的气息，又有着穿越时空的温暖而内敛的味道。让这种古典与现代结合之美跃然于眼前，诠释了一种富有时光厚重气息的视觉新艺术。

艳丽的贝壳灯罩，形成一层淡淡的，带着绿黄相间色。铜质灯柱和底座托起的灯罩在宁谧夜晚中散发着月光般皎洁空灵的气质，完美诠释典雅的外形和奢华的内涵；金属部分的锻造温润复古材质，以欧式风格打造的罗马灯柱，散发着细腻的古典光泽，它既没有冷色调金属的冰凉，也没有各种艳色材质的喧嚣，带着一种沁人心脾的温润气质，圆滑而不失刚硬之美。柱和底托线条流畅、完美无缺，流露出精致与华贵，铜柱细致到骨子里。

台灯是看书、学习、工作等照明用具，白天它自然化为居室的装饰艺术，和家具、布艺、装饰品，点缀着生活的美丽。灯具在居室空间中扮演着举足轻重的角色。随着时代的发展，其作用已经远超本身的价值，甚至已经变成了一个艺术品。

贝壳台灯更具魅力，它是海洋的恩赐，色彩缤纷，种类繁多，受到众多人的喜爱，经过艺术家的睿智设计创作，将一些漂亮的贝壳装饰在灯具上，不仅美观精致，也能带来更多浪漫气息，同时把海洋的感觉带回家。因此，摆上一盏别具匠心的台灯，既可现居室主人独到的眼光和与众不同的个性，又可在整个家居环境中起到一语道破的作用。当灯点亮时，灯光通过各个贝壳透射出来，极具韵味，浪漫而温馨，打造出田园风格卧室居所。

总之，欧式风情贝壳灯罩铜艺台灯外形与复古气质，赋予灵气和生命力，的莹润光泽，集质感与品味于一身，也是追求典雅优质生活的精英人群的上佳之选。

青花南瓜瓷壶

景德镇好友赠我一把青花瓷南瓜壶。该壶长17厘米，壶身直径11.5厘米，高10厘米（连盖钮）壶面和壶盖上绘以山水画面。壶底有"乾隆年制"标记。

南瓜，亦称"蕃瓜"或"饭瓜"，以瓜形为壶体，瓜柄为壶盖，瓜藤为壶把，瓜叶为壶嘴，构思巧妙，雅而不俗，经历代艺人的智慧创造，以南瓜为题材的壶型制丰富多变，颇受壶艺爱好者的喜爱。

南瓜壶由来是清代海盐有个名叫张艺堂，自幼

年少好学、聪明，苦于家贫无钱交纳学费。第一次上门拜师读书，身后背着个大布囊，里面装着两只大南瓜，作为老师见面礼，旁人看了皆大笑，而丁敬身先生却欣然受之，并当场烹瓜备饭，招待学生，这顿饭只有南瓜菜，但师生却吃得津津有味。自此，在海盐一带，"南瓜礼"一直被传为美谈。据考，最早的"南瓜壶"当推明末清初著名艺人陈子畦所创。到了清初康熙年间，

其子陈鸣远"青出于蓝胜于蓝"。他所创制的"东陵瓜壶"，构思巧妙，壶身呈八瓣纹型，因而名声大振。

南瓜壶在造型分类中被划为像生器，是从大自然汲取灵感所创制的壶型。带有一股来自乡野的清新活泼气息，经艺人加工，又显得玲珑精巧，温雅可爱。壶以瓜体为身，瓜蒂为钮，藤为流把，瓜棱匀称饱满，盖与身上下贯通，弧线优美，和谐自然。它不仅外形酷似南瓜，更是集聚了南瓜的神韵，犹若瓜熟即将待落。这种造型一经创制，便代代相传，明、清、民国、当代，皆有制作，造型大同小异，却又各具特色。

壶身并绘有山水画面，因古人喜好游山玩水，在以山为德，以水为性的内在修为意识，正好契合中国文人墨客的闲适、放荡的生活习惯，在咫尺天涯的视域错觉意识中，感受生活的无拘无束。尤其是文人们在政局动荡中，有志难伸，他们选择远离朝政、退隐山林，过着"采菊东篱下，悠然见南山。"的生活。理所当然，他们需要精神食粮，用大自然的"一山、一水、一草、一木"来比喻自己，以表达绘画者内心寄情于山水，排遣内心苦闷的情感，追求人与自然相互感应，达到"天人合一"、"物吾交融"的境界。

青花山水画的发展，在明晚期出现了重大转折。画风简练、质朴、生动、豪放，与同时期中国绘画的发展相辅相成，相互借鉴，相互影响。山水画追求意境，刻意反映人们内心活动和情感的需求。画面不但要"好看"，还要有"情趣"。在构图上，以意布局。青花山水画在明末已出现了绘画中使用的"三远法"，景物远近高低，错落有致，画面疏密得当，更富有生活气息。在笔法上更大胆泼辣，线条洒脱酣畅，寥寥数笔就把山水小景描写得意趣无穷。

这把典型的扁南瓜形壶，具有自然生动、敦实的轮廓，瓜瓤丰满，生机益然。瓜蒂为壶盖，瓜叶卷成壶嘴，瓜藤圈成壶把，气势得体，舒展自若，壶身山水画面别具生气，布局合理，富有浓厚的田园画意。

青铜酒器·爵

　　中国古代青铜器源远流长，绚丽璀璨，有着永恒的历史价值与艺术价值，而青铜酒器像是中华民族最本质的血液，青铜酒器"爵"，以雄浑古朴的造型、绚丽精美的纹饰、等级森严的形制著称，金爵美酒不仅弥漫着浓烈的醇香与癫狂，也弥漫着上古三代"封邦建国，天子威赫"的礼乐与尊崇，一角一斝盛放着凝重的历史与沧桑，一觚一觯中又穿越千古，脉搏强劲，汹涌流动在人类文明喷薄翱翔的道路上，斟酌着历史前进的每一次盛衰跌宕。

　　青铜酒器"爵"，是我多年前在上海艺博会觅得的，它长17厘米，高21厘米，胸径6厘米。其下有三条扁长的尖足。中间是圆筒形杯身，杯身一侧安装一个把手，方便把握和举持。口部最特殊，圆形的器口被向两侧拉长，前端开出一个长长的凹槽，将爵侧倾，酒便可顺着这个凹槽流出来；后端则上翘，形成一个尖尖

的尾巴，以示平衡。最怪的是，爵口上立有两个伞状小柱。当时市面上这类仿制品款式和品种多样，但我却偏偏喜欢来自它的发源地陕西省文物复仿制即西安中国华通物产集团公司生产的产品，虽然价格昂贵，但制作精良，品相大气。

青铜酒器兴于夏、商、周三代，至春秋战国时已较少。三代之中青铜酒器有很大不同，周朝时，对青铜酒器作了明确的规定：一升曰爵，二升曰觚，三升曰觯，四升曰角，五升曰散，六升曰壶。这种青铜酒器的格式和规格一直沿袭到清代。但在具体的纹饰和铸造工艺上有很大差别，在整个青铜时代有着"夏人重食器，商人重酒器，周人重礼器"的说法，食器、酒器除却其本来的功能，均为祭祀的礼器，夏商各有偏持，周则酒食尊享。是以夏时青铜酒器铸造颇为简单，有陶的风格，大多没有纹饰花纹；商代酒器纹饰繁复，造型规整，且出土较多。顾颉刚《中国古代述略》中分析，夏朝刚刚从混沌迷蒙中苏醒，虽然是文明社会，但物质生产极为匮乏，民以食为天，所以祭祀中特别重视食器；而商朝统治区域土地肥沃，耕作技术先进。农事轻松，人心怠惰，土地肥沃，粮食富余。自然兴起酿酒的文化，所以重视酒器的铸制，三代之中若论青铜酒器铸制精妙，种类之浩繁，存世量之多，以商朝为冠。

古人云，"非酒器无以饮酒，饮酒之器大小有度"。中国人历来讲究美食美器，青铜酒器作为酒文化的一部分同样历史悠久、千姿百态。

水晶·玻璃鱼缸

　　这只水晶"玻璃鱼缸"是多年前在艺博会上觅来的，它是大连出口生产的玻璃工艺品，造型大气、美观，既可观赏又可以做实用的盛器之用。

　　水晶"玻璃鱼缸"，造型生动、靓丽，一条硕大的金鱼，昂着头，张着嘴，后面还拖着一张大尾巴，口径9厘米，长35厘米，宽15.5厘米个，高22厘米。

　　大连是我国北方重要的港口、工业、贸易、金融和旅游城市，也是东北对外开放的龙头和窗口。大连市位于北半球的暖温带地区，具有海洋性特点大陆性季风气候，冬无严寒，夏无酷暑，四季分明。大连依山傍海，气候宜

人，也有丰富的海产品资源，自然少不了出色的贝雕作品。你可以用几个普通的扇贝、海螺做成的精美漂亮工艺品，回家放到桌面上当成装饰物或者馈赠亲朋好友。你也可以买到用珍奇名贵的稀有贝壳精心制作的贝雕作为家中的收藏品，这完全根据你的喜好了。大连的贝雕千姿百态，琳琅满目。有巧夺天工的珍贵的贝雕，也有用精巧贝壳穿在一起的小型饰件，不管是大是小，是贵是贱，每个贝雕都有一份情趣。其次，大连的玻璃制品也十分丰富，它有中国最大，也是历史最悠久的玻璃制品企业，它始建于1917年。近百年来，既吸收了国外成型技术的优点，又弘扬了我国雕塑工艺的传统，已能生产出25个系列，四千多个品种的玻璃制品。产品主要有酒具、灯饰、包装、工业器材、人物和动植的艺术造型工艺品等。其中许多产品的质量和工艺已经处于世界领先水平。尤其是研制的铅晶质的"水晶"牌玻璃制品更是风格独特、驰名中外。"水晶"牌玻璃制品主要有窖玻璃器皿和铅玻璃器皿两个品种。其中，铅玻璃器皿具有光、响、洁、明的特点，无论是透光率还是光折射率都已经达到世界先进水平。

"水晶"牌刻花酒杯就是用这种工艺和原料制造而成的，它做工精细、花纹清晰、晶莹透明，当碰杯或敲击时就能发出清脆的"叮当"声，非常悦耳动听，深受人们喜爱，我国的国宴和高档宾馆一般使用此产品，被誉为"国宴三绝"。"水晶"牌玻璃制品，在国内同类产品的评比中，荣获行业惟一的国家级金奖，成为国内的知名品牌。

在国外，"水晶"牌玻璃制品每次参加国际博览会，都会受到海内外人士的交口称赞。目前，"水晶"牌玻璃制品，作为大连著名的旅游工艺品，已畅销海内外几十个国家和地区。

九十年代，我记得大连的各种玻璃装饰制品丰富多彩，非常吃香，市面上热销，是亲戚朋友结婚时最时髦的礼品，当时甚至是一器难求，许多出差回来的人，总要带上几件漂亮的玻璃制品放在家中观赏，并引以为自豪。

陶·猪

漫步在陶都丁蜀镇熙熙攘攘的店铺里，是一件心情非常愉悦的好事，而且我可以连续逗上几个小时，也不感觉累的一件美事。这件陶艺——猪（见图一），便是十年前从宜兴丁山镇收进的。

陶猪，身宽体胖，形象逼真，做功相当考究、精致。它长9厘米，宽4.2厘米，高5厘米，它是标

图一

准的太湖猪体型。太湖猪是世界上产仔数最多的猪种，享有"国宝"之誉，无锡地区是著名的太湖猪地方品种产地。其体型中等，被毛稀疏，黑或青灰色，四肢、鼻均为白色，腹部紫红，头大额宽，额部和后驱皱褶深密，耳大下垂，形如烤烟叶。四肢粗壮、腹大下垂、臀部稍高、乳头8～9对，依产地不同分为二花脸、梅山、枫泾、嘉兴黑和横泾等类型。

陶猪挺着沉甸甸的大肚子，耷拉着两只大耳朵，鼻子翘得高高的，嘴巴大大的，屁股后面卷着一只小尾巴，猪眼笑眯眯，身上细如针尖的猪棕清晰可见，煞似逼真。我将陶猪翻过来，四脚朝天，八对奶头呈"V"字形排列，猪肚当中工整的印刷体"秀棠"两字跃入眼帘（见图二），我当即惊叹："噢，这是名气响当当的大师作品啊！"

徐秀棠，1937年12月生，国家级非物质文化遗产传承人，研究员级工艺

美术师、中国陶瓷艺术大师、中国工艺美术大师、中国美术家协会会员、中国陶瓷美术协会理事、江苏的省文史馆馆员。其从事紫砂工艺40多年，不仅在紫砂工艺上有较深的艺术造诣，而且研究中国绘画、书法，并将之融会贯通到紫砂工艺创作之中。创作了200多件紫砂陶塑优秀作品把传统技艺和现代风格完美地结合起来。许多作品被英国伦敦维多利亚博物馆、故宫博物院、上海博物馆收藏。1992年与胞兄徐汉棠应台湾省民族文化基金会邀请到台湾访问，开展紫砂文化的两岸交流活动。

徐秀棠出身陶艺世家，他的作品，技艺精湛。1954年他随著名陶刻艺人任淦庭学习陶刻装饰技艺，四年后在中央工艺美院"泥人张"（张景祐）工作室学习民间雕塑，在高手的指导帮助下，他博采众长，用宏取精，逐渐形成自己独特的艺术风格。其作品不仅重物象之形，更重物象之神，人物塑造以神抒情，有故事情节，发人遐思，而且能从丰厚的民族文化和民间艺术中汲取营养，敢于推陈出新，塑造出一流的陶塑作品瑰。

中国传统的陶艺，是非常具有东方艺术的特征和魅力的，这样的艺术表现，并非一朝一夕就能形成的，它是在历史的发展长河中，经过无数陶艺匠人的创造力，再不断锤炼而来，代表了民族特性，也蕴藏了民族情感。陶艺的传承，也是中华艺术、思想、情感的传承。陶瓷艺术在我国的发源十分久远，且在世界历史上都具有很强的代表性，它不愧成为中华民族的灿烂文化和文明瑰宝。

太湖猪的猪肉香味比较正，其次其营养指标相比其他猪高上一些，口感自然就好上不少，所以其价格相对比其他的猪贵。同样，这件出自大师手工的陶艺猪如同它的身价一样，当然价格不菲，远比普通的陶猪贵多了，因为喜欢，所以我当场掏钱就收下了。

陶艺·彩椒

　　走进石湾公仔街《鑫钰轩》陶艺馆，好比来到了一家琳琅满目的水果批发市场，铺内从里到外，从上到下摆满了各种水果，如：荔枝、芒果、柿子、苹果……品种繁多、应有尽有，其实它们都是蕴含丰富多彩，寓意深厚的陶艺摆件作品。我选择了一款仿真辣椒摆件，其个头大小、颜色模样与菜市场一样，我仔细挑了三种不同颜色的辣椒。

　　该摆件名称叫彩椒，通称辣椒，为管状花目，茄科，辣椒属，辣椒的变种又称灯笼椒或甜椒，是个特殊品种，它有红、白、绿、紫、橙等多色。原产地南美洲热带地区，经育种学家长期训化培育的一个新品种，使其果实体积增大，果肉变厚，子房腔数增多，辣味消失。由于果皮中的叶绿素、花青素、类胡萝卜素和类黄酮的不同比例，而产生了不同的颜色。

　　一年生草本植物，叶卵形、互生，花单生或簇生于叶腋或枝腋，花冠白色，形态特征植物体粗壮而高大。果梗直立或俯垂，果实大型，近球状、圆柱状或扁球状，多纵沟，顶端截形或稍内陷，基部截形且常稍向内凹入，味不辣而略带甜或稍带椒味。其维生素含量居蔬菜之首。甜彩椒中含丰富的维生素A、B、C，糖类、纤维质、钙、磷、铁等营养素，也是蔬菜中维生素A和C含量最高的，尤其是成熟期，营养成分会增加五倍，因此有熟果甜椒的营养价值更高于青果甜椒之说。它还含有蛋白质、纤维素和无机盐以及胡萝卜等多种对人体有益的营养成分和维生素和矿物质，人们食用后可以加快身体正常代谢，提高身体素质，也能减少一些常见疾病的发生。

　　辣椒是中国人饮食中不可缺少的美味佳肴，辣椒品种丰富，颜色以绿和红色居多。辣椒不仅造型多样，或尖挺，或秀长，或圆润，或饱满，而且具有酸甜苦辣各种味道，蕴涵着人的生活精神，可以说是人生百味的缩影。

　　该作品形象逼真，注重传统艺术元素的凝练，又不断创新创作理念。主张深入挖掘和弘扬民族传统艺术精华，创作属于人们内心渴望、生活需求、触动心灵的艺术品。它用石湾陶工艺创作而成，是最新的陶艺代表作。

通常辣椒的寓意主要是生活幸福美满、身体健康、广交好友、爱情甜蜜和事业顺利。陶艺辣椒题材，真是非常有特色，辣椒精致可爱，特别对于喜爱吃辣的人来说，更是心生爱意，还有就是取决于辣椒的丰富寓意，更深受大众的喜爱。

辣椒，无论是从外观还是味觉来讲，都是像火一样艳辣。而且在中国人心中，红色是吉祥的颜色，代表着一份热情与喜庆。因此，辣椒寓意着生活红火，一家人过着幸福美满的日子，陶艺"彩椒"作品是一件广受大众喜爱的作品。

陶艺·金牛纳福

今年五一刚过怀着神往已久的心情，我专程前往石湾拜访了著名微塑大师刘国祥先生。十年前我们有幸在上海世贸商城展会上相识，我当场收了他不少微塑作品，并还留下了他的名片。这张泛黄保存了多年的名片让我又找回了他。下榻酒店后，我先去拜访了老人家，他精神依然矍铄，目光炯炯、精神健旺，我们相叙了分离后的许多往事……临走时，他还特意赠送了一件作品——陶艺·金牛。

这头牛长11厘米，宽4.2厘米，高8厘米。好一条壮牛，强壮而有力的四肢，稳稳地站在地上，它昂着头，两只圆润又清亮像铜铃一样大的眼睛，两边竖着一对透露着温顺而灵敏的耳朵，耳朵两旁弯而尖的牛角，左腿还踩着几个金元宝，寓意扭转乾坤，勤劳致富和牛踩钱象征发财致富，就在眼前。牛背像山一样，这是人们最熟悉不过的动物——牛。不管是在江南，还是在陕北，中国大地上每一处，都有牛的身影。人们的生活和劳动与它维持着最紧密的联系。

刘国祥老师一生奉献在陶艺事业上，如同牛一样默默耕耘了几十年，至今仍奋战在这片土地上。他是石湾刘氏微塑第三代传人、广东省非物质文化遗产代表、中国高级工艺美术师、广东省工艺美术大师。

自古以来，牛以勤勉忠诚、埋头苦干的精神为人们所喜爱。它具备了那种憨厚健壮、勇往直前的精神力量，终生劳瘁，事人而安不居功。纯良温驯，稳步向前，足不踏空，形容无华，气宇轩昂，吾崇其性，爱其形，成为艺术家歌颂和创作的最好题材。在中国文化中，常以牛的这种勤勤恳恳、甘于奉献的品格，来讴歌人们"俯首甘为孺子牛"的时代精神。以牛的气力移山倒海、造田兴农，为中华民族的发展与进步做出了不可磨灭的贡献。由此可见，牛在中国人的心中，不仅是善良、勤劳、淳朴这些美好品质的代表，更是万物之始。牛更是财富与精彩的象征。人们在生活中夸赞别人时不由得说一句："太牛了"，股市上行情大涨又被称为牛市。天行健，君子以自强不息，地势坤，君子以厚德载物。牛所具有的吃苦耐劳、坚韧不拔的毅力，不正是"地势坤"的完美代表。

刘国祥自小得到微塑陶艺家刘胜记（祖父）、刘佐潮（伯父）、刘伟棠（父亲）陶塑技艺的传承。他9岁开始学习刘氏微塑技法，搓、捏、贴、捺的运用；在几十年中，还学习陶釉色配制，在前辈的指导下掌握了结晶釉、坤红釉、裂纹釉、红变釉等；石湾陶瓷微塑盆景是立体的画、无声的诗。刘大师还擅长创作吉祥微塑盆景，将微塑陶艺的亭、台、楼、阁、微人物、微动物展现在盆景中，把传统的技艺创新成吉祥的现代摆件……他坚持弘扬、传承陶艺文化，并携女儿刘智姗、侄女刘少霞及各徒弟，积极向社会推广陶艺技艺，让陶艺事业造福于社会。

2023年6月7日，由广东省文化和旅游厅主办广东广播电视台文旅中心承办佛山市非遗保护中心协办的"非遗进校园·薪火代代传"2023广东非遗系列宣传推广活动在佛山市第十四中学圆满举办并进行了报道。此次活动特别邀请国家级非遗代表、石湾陶塑传承人刘国祥老师来校讲课。为同学们开展非遗展示和授课，使非遗文化在校园中生根发芽并受到了良好的效果。

"作品与人品相关，艺术和技术相辉"。几十年来，刘国祥为人、制陶、创艺，摒弃了许多功利、名誉，不浮躁，不张扬，平平静静，踏踏实实，就像这头金牛，无私奉献、默默耕耘在岭南这片肥沃的陶艺园地上，不真是他的写照吗？

童子扶蟾·水滴

　　砚滴是一种滴水入砚的文房用具，它的出现与笔墨的使用和书画的兴起有着密切关系。最初古人使用水壶等器皿往砚池里倒水，水量难以控制，于是就发明了砚滴，也称水滴、水注、蟾注等等。砚滴作为特殊的注水器具古来已久，古者以铜、后世以瓷，形状各异。南北朝有蛙形、兔等动物造型为普遍，唐有龟、蹲龙、宝象，宋元时有舟、俑、童子牧牛、鱼等。清有"冬青釉草虫叶形"、"榴生百子"等诸状。

　　青瓷《童子扶蟾滴水壶》高10.2厘米，长11厘米，宽7厘米。该器以夸张手法，表现了一个幼童双手扶着一只硕大的蟾，蟾为两栖动物，皮上有许多疙瘩，内有毒腺，形状像蛙。吃昆虫、蜗牛等，对农业有益。俗称"癞蛤蟆"、"疥蛤蟆"，蟾具有聚财、镇宅辟邪等寓意，不同造型的蟾寓意也不一样，但都与金币、元宝有关。蟾也有健康长寿、子孙满堂的寓意，是一种吉祥之物，因此受到大众的喜爱。有一种"刘

海戏金蟾"的造型，寓意着招财进宝；还有一种含住钱币的金蟾造型，造型可爱，意为口吞金钱，财源滚滚。金蟾是吉祥之物，同时也具有很高的收藏观赏价值。从传世品和出土器物的材质来看更是名目繁多，砚滴出现不晚于汉代，最早为铜制，后相继出现和改为陶、瓷、玉、石等材质。其样式不定，历代均有创新。

砚滴又称水滴、书滴，贮存砚水供磨墨之用。曾作为书画家案头必备的书写绘画辅助工具，如今虽然只有少数人使用，但其正以特有的历史文化价值，走进藏家的视野。水注之所以能够引起藏家的关注，不仅因为其形态和质地五花八门，还因为水注在使用之余，可以把玩。

近年来，水注屡屡出现于拍卖场并拍出好成绩。如一件清乾隆"冬青釉草虫叶形"水注，在2001年北京翰海秋拍中，以7.7万元成交；一件明代玉雕瑞兽形水注，在2003年北京华辰秋拍中，以18.7万元成交；一件清乾隆白玉"榴生百子"水注，在2007年香港一次秋拍中，以15万元成交。最为引人注目的是一件明末"犀角镂雕一把莲"水注，在去年香港的一次春拍中，以816万港元成交。

尽管砚滴的外形多样，但有三点是共同：一是腹中空可盛水；二是在较高的位置上有一细孔，倒时可滴水；三是背和腹有个圆孔可注水，用时一个手指按住上孔，将砚滴对着砚，不会有水洒出，只要略松开手指，便有水滴到砚台上。

如果说笔墨纸砚是古代文人书房中不可或缺的实用四宝。是磨墨时少量加水时所需的传统文房器具。砚滴款型雅致，具有很高的观赏价值和收藏价值。那么砚滴之实用功能则要小得多，而相应的清赏把玩价值却要大得多。它们题材多样，寓意美好，其消费对象则往往是达官显贵、皇家贵胄，因此传承至今的砚滴类作品大多具有很高的鉴藏价值。《童子扶蟾滴水壶》不愧为是难得的充满古代文化知识和非常有趣的一件珍贵文房之宝。

兔年话藏趣

2023年为农历癸卯年，生肖属兔年。母亲属兔，她勤劳、聪明、善良。我的藏品中，珍藏了多种兔藏品。这套小兔摆件，其中三件划船的兔便是一例，那是2016年在帝芙特国际茶文化广场从一个茶宠柜觅来的，初看，我以为是玉雕，经甄别应属树脂料，是一种以树脂为原料经加工而制，有抗老化、耐腐蚀，光洁度高，造型多样、仿真效果好特征的材质。

兔子是食草性哺乳动物。头略似鼠，耳朵因大小而品种不同，嘴有触须，分上、下唇，上唇有纵裂、两颗向外突出的门齿，是典型的三瓣嘴。其尾短而且向上翘，前肢比后肢短，善于跳跃，奔跑很快。颜色一般为白、灰、枯草色等。兔子性格温顺，聪明伶俐，具有善、美、祥和寓意。模样十分可爱，因此是颇受欢迎的动物。

有首"贝瓦（英文：BEVA）"儿歌，歌词大意："太阳光金亮亮，雄鸡唱三唱，花儿醒来了，鸟儿忙梳妆，小喜鹊造新房，小蜜蜂采蜜糖，幸福的生活从哪里来？要靠劳动来创造……"活泼生动的语言，悦耳动听的歌声，为学龄前儿童喜闻乐见的歌，鉴于大家对兔子的钟爱和认同感，成了我创作的动力，同时，也想借此机会，表达我对离去近两年的母亲深深怀念。

我取材一方长30厘米，宽25厘米，高5厘米，质地细腻温润，石纹褶皱、肌理缜密、石表起伏有致的山形黄灵璧石作为底板，选用德国FALLER微塑房舍模型、石湾陶塑等配件，构成一组《幸福全靠劳动来创造》的微塑小品。

在一座充满生机的山坡上，瓦蓝的天空中飘荡着云彩，山水环抱、连绵起伏的岩石中，兔儿们凭借自己的智慧和勤劳的双手，盖起了两间小木屋。屋子依山傍水，周围草木郁郁葱葱。兔妈妈做好了饭菜，守候在家门

口，期盼着全家的归来。大灰兔爸爸正在修筑一座木桥，兔姐姐刚拣满了一篮红果子，正赶往回家的路上，兔哥哥划着小舟，在清澈见底，刚修缮完工的"人工池塘"中察看，二只兔宝宝在水渠下推着小舟，玩起了漂流，另外二个兔兄弟也正搬动着一叶小木舟准备下河捕鱼……一幅其乐融融、幸福劳动的场面。

　　它也清晰地启示着人们：幸福在哪里，它要有健康的身体，在辛勤的汗水里，在收获的果实中，在希望的田野上……经一番构思，小品总算完成了，在这新春佳节来临之际，愿与藏友们共同分享。

微刻摆件·水乡民居

微刻摆件，是盆景、奇石玩家不可或缺的配饰件，是装饰盆景、奇石的绝佳配件，能为盆景、奇石起到点睛之笔和锦上添花的作用和意境。盆景、奇石的摆件主要有亭、台、楼、阁、船和人物等，它们选用的材质大多为石材或木材。

寿山石是福州特有名贵石材，其石质晶莹、脂润、色彩斑斓，深受国内外人士的喜爱，它于2003年被确定为"国石"候选石。寿山石涌现的品种达百数十种之多。红酸枝木为豆科檀属木材，属于比较高档和易刻的材质。主要产于印度及东南亚各国。因有酸枝木特有的酸香气，故称为酸枝。属于红木的一种，多用于制作红木家具、装饰、小饰品等。

图一

图二

　　沪上微刻摆件高手徐顺龙，不断探索具有上海特色的微刻摆件，经过多年摸索、实践，自学成才，分别采用寿山石（见图一）和红酸材质微雕（见图二）"水乡民居"，（摆件尺寸均在三至六厘米之间）他从艺二十余载，怀着对雕刻孜孜不倦的追求和对石雕艺术独特的理解，创作中善于变化，布局造型精心设计，细心雕琢，其刀法则运用浅雕、高浮雕、圆雕、镂雕等技法组合，表现生活情趣的民居等具有江南特色摆件相当逼真。

　　他的作品从构思到设计均独具匠心，苦心经营，每件作品都有相当高的艺术水准，且富含深邃的意境。他不仅具有娴熟的雕刻技艺，而且对所有创作的作品融入了自己较深的生活体验。小桥、流水、人家……这也许是对江南水乡民居最好的注解。聪明勤劳的江南人，利用独特的地理环境，创造出了如诗如画的江南水乡。水乡民居，自然与水关系密切，由于南方水资源较为丰富，河网密布，这里的房屋多依水而建，"贴水成街、就水成市"，形成优美的小桥、流水、人家的水乡集镇景色。既方便取水，又方便水路运输。

水乡民居的一大特点就是空间利用率高，南方地形复杂，人口众多，土地珍贵，无论是平面布置还是空间设置，都尽量让其发挥到最大的效用，在建筑构造上，下足了功夫。

因水乡水面多面可以使用的建筑面积狭小，为便于防潮，建二层楼房多，底层是砖结构，上层是木结构。在不影响河道船只运行的情况下，很多人家还会借取河面空间作为自家屋舍的一部分。其借取的方式主要有吊脚楼、出挑、枕流、倚桥等。

"枕流"是整栋建筑都建在河面上的形式，窄的河面可直接凌空架梁，宽的河面就要在水里竖立石柱，支撑上面的建筑物了。"倚桥"也是一种住宅借取方式，也是水乡民居独有的一个建筑特色。

因为水乡地狭，所以民居的庭院空间、住宅院落都比较小，四周房屋连成一体，房屋组合比较灵活。房屋墙壁都比较高，墙体相对单薄，有利于通风散热，降水较多。屋顶的坡度一般都比较大，便于排水。

民居结构多为穿斗式木构架，不用梁，而以柱直接承檩，外围砌较薄的空斗墙或编竹抹灰墙，墙面多粉刷白色。墙底部常砌片石，室内地面也铺石板，以起到防潮的作用。房屋外部的木构部分用褐、黑、墨绿等颜色，与白墙、灰瓦相映，色调雅素明净，与周围自然环境结合起来，形成景色如画的水乡风貌。

小品微刻摆件"水乡民居"构图简洁、布局明了、雕工精细，让人一目了然，不愧是反映水乡民居的好作品，盆景、假山的好配件。

微雕小品·出耕

　　晨曦，东方刚露出了鱼肚白，晨晖洒落在乡村的屋脊、槐树上。槐树有极强的生命力，被视为吉祥的象征，可保佑平安、健康，也象征着富贵和家族的兴旺。农村人爱在村前栽种槐树，寓意兴盛、繁茂，村宅也必发旺，有护荫地脉和富贵之局。早起的农耕人，牵出了耕牛开始了一天的忙碌，这是微雕作品"出耕"的画面。

　　微雕，顾名思义，是一种以微小精细见长的雕刻技法，是中国传统工艺美术中最为精细的一种工艺品，也是集国粹文化的袖珍艺术品。它属雕刻技法的一个分支，为微观雕刻一个门派。可用石头、竹片、木头、骨头，甚至象牙等材质进行雕刻，微小的必须借助放大镜才能看清其内容，故被历代称之为"绝技"，也被称为指尖上的艺术。随着科技的发展，20世纪90年代中期，人们又发明了3D打印技术，与电脑连接后，通过电脑控制把"打印材料"一层层叠加起来，最终把计算机上的蓝图变成实物。这打印技术称为3D立体打印技术，呈现出更加逼真夺目的艺术品。

　　"出耕"作品是由木、石和树脂三种材质组合创作，整件作品长20厘米、宽14.5厘米、高8.5厘米。微雕是我喜欢收藏的东西，每逢遇见精品，我会收下它。多年前在原藏宝楼阁楼觅的一块旧功随形黄杨木雕，视为表现江南水乡的地貌；今年初沪太路市场收的一棵黑白相间的乌木"老槐树"是以俏雕而成；农舍则是出自上海房舍石刻名家之手（长6.3、高4、宽3.5厘米）最终以一千元成交收入囊中；出耕人和牛均为3D打印技术而制作成的微雕。

　　"日出而作，日入而息"出自先秦佚名的《击壤歌》。"凿井而饮，耕田而食。帝力于我何有哉？"击壤歌是一首淳朴的民谣。据《帝王世纪》记载："帝尧之世，天下大和，百姓无事。有八九十老人，击壤而歌。"也就是小品主题要表达的意境。

《击壤歌》描绘的是在上古时代的太平盛世，人们过着无忧无虑的生活，太阳出来就开始干活，太阳落下就回家休息，开凿井泉就有水饮，耕种田地就有饭吃……这反映了农耕文化的显著特点，是劳动人民自食其力的生活的真实写照。

总之，这首民歌的主题是赞颂劳动，耕者有其田，一切要靠我们勤劳的双手，靠我们努力去奋斗、创造。

微雕是一门特有的手艺，由熟悉掌握这种特技的工匠，运用他们智慧的心灵和灵巧的双手创作而成。作品"出耕"小巧玲珑、逼真形象、千姿百态，生动地展现了一幅美丽乡村寻常所见的立体画面。

中国微雕历史源远流长。早在殷商时期的甲骨文中，就出现微型雕刻。战国时的玺印小如累黍，印文却有朱白之分。众所周知的魏学洢的《核舟记》，也是中国历史上微雕艺术的经典之作。近代微雕大师于硕，与吴南愚有"南于北吴"之誉，于硕于金石书画之外，精于微雕，1915年其作品《赤壁夜游》曾获巴拿马万国博览会金牌奖。

羊脂白玉·老寿星

　　这件羊脂白玉"老寿星"，是多年前在上海电视台对面的花卉市场的地摊上收来的。它应该是一个质地、雕工和品味相当不错的佩件。

　　它长2.8厘米，厚2厘米，高5.2厘米。老寿星一手拄着带葫芦的如意拐杖，一手持仙桃，寓意一目了然。传统认为长寿、富贵、康宁、好德、善终，五福中寿为先，人如没有寿，何来其他福。羊脂玉寿星，他是富态的形

象，加上其他吉祥如意的元素，更是赋予了羊脂玉寿星不一样的寓意，让人们体会到传统文化的精深和渊博，也表达了万寿无疆、寿比南山美好祝福。

　　羊脂白玉又称"羊脂玉"，顾名思义就是犹如羊脂一样的玉石。现代宝玉石学家解释是：优质和田玉白玉，其颜色呈脂白色，质地细腻滋润，油脂性好，可有少量石花等杂质。羊脂白玉中主要含有透闪石（95%）、阳起石和绿帘石，状如凝脂，为软玉的一类。

　　羊脂白玉属于和田玉

白玉玉中的优质品种，羊脂白玉是带着油脂光泽的纯白，在烛光之下的光晕是柔和而微微泛黄的，如同凝脂一般，羊脂白玉的子玉浸泡在昆仑山下荒原或绿洲的地下水土中千百万年，产量稀少价值很高。羊脂白玉其特点就是，细腻、光亮和温润。上佳的羊脂白玉近于无瑕，好似刚刚割开的肥羊脂肪肉，而光泽正如凝练的油脂。正如行内有句俗话："翡翠看种，和田玉挑润。"所谓的润，就是指玉的油糯性，即和田玉质地的细腻与滋润。

千百年来，于中国文化悠久的历史长河中，默默惊艳着岁月。君子如玉，温润而泽；佳人似玉，碧玉玲珑。几千年来人们对玉的追寻从未停止，现代人对玉也有着特殊感情。和田玉作为玉石中的佼佼者，其价值经过了岁月的见证与考验。爱玉者数不胜数，但好玉可遇不可求。

羊脂白玉自古以来极为珍贵，为玉中极品。它不但象征着"仁、义、智、勇、洁"的君子品德，而且象征着"美好、高贵、吉祥、温柔、安谧"的世俗情感。

在古代，帝王将相才有资格佩上等白玉。考古事实已经证实，很多古代皇帝使用的玉玺是专用白玉玉料。很多各地博物馆的馆藏的珍品中，莫不把白玉玉料雕琢而成的历代文物奉为"国宝"，例如出土的西汉"皇后之玺"就是利用晶莹无瑕的羊脂白玉琢成。

这件羊脂白仔玉料雕琢而成的老寿星，无论从材质上，雕工上，以及它的寓意等都完美地展现了我收到了一件珍贵的羊脂玉佩件。

一只搪瓷杯

搪瓷杯即在金属杯表面涂上一层陶瓷釉，经高温烧成；在金属表面进行瓷釉涂搪可以防止金属生锈，使金属在受热时不至于在表面形成氧化层并且能抵抗各种液体的侵蚀。对于出生一个普通工人家庭的子女来说，即便是普通小物件，也承载着他们难忘的人生记忆。

这是20世纪70年代末的一个傍晚，父亲下班回家拿出一个白底红字的搪瓷茶缸，郑重其事地对我们说："这是为父从运输公司带回的礼物。"自50年代起，搪瓷便承载着不少文化含义，记录着特定年代的文化信息。抗美援朝时，搪瓷杯上印有"赠给最可爱的人"字样；1963年全国掀起学雷锋热潮，搪瓷杯上的文字随即变成了"向雷锋同志学习"等等。

父亲一身与汽车打交道，他十四岁开始学开车，一直到退休都在开车。从最老的要烧炭、摇杆启动的老式汽车，到开大平板车，打开他的50年代就拿的A级驾照，便知只要是车子他都能开，连摩托车、拖拉机也能开。

他曾先后借调到锦江饭店、印度领事馆开小车，70年代又到66路公交公司开车，别人一去要培训几天才能上班，他今天报到，明天就上班。他起初在上运一场开车，之后调上海大件运输公司开车，而且车轮越开越多，从四轮，到六轮、十轮再到几十个轮。他自豪地说上海重型机器厂的万吨水压机大型部件等他都运送过，开这种车有难度，因车太长只能朝前开，不能倒开的，所以一到现场，他先要下车目测一下，有无出口处，否则就尴尬了。他熟悉各种车，我家原住常熟路街面房子，他睡床上能分辨什么车刚开过。

我把沉甸甸的茶缸捧在手里，仔细端详起来。缸体以雪白的瓷釉为底色，上面印着"上海市汽车运输公司"9个鲜红的魏体字；中间还印着红色方向盘图案标记，9个红字将标记半围了起来；下面还印着："18371"五个红色数字。打开杯盖，内附一只高5.8厘米的小杯（便于饮用）。茶缸一直陪伴着我们度过了难忘的"激情燃烧的岁月"。

以前一些单位会把搪瓷缸子作为单位福利，有些作为纪念品的搪瓷缸子，则会留下当年的年份，每一个搪瓷缸子上都是一个"上运人"的一段经历。还别说，挺实用，口大，无论小汤勺舀，可以直接倒，很方便。盖子盖取时也沾不到手上，还宜于清洁，有时热油倒进去，也不怕高温，偶尔盖子掉地上也摔不烂……这只茶缸价值低廉，外表陈旧。在物质生活水平较以往大幅度提高的今天，在一些人的眼中，它可能是早已该被淘汰的废物，但它对我来说，却是一件十分难得的具有特殊意义的藏品。

过去这种搪瓷产品，有洗脸盆、茶缸子、圆盘子等很多系列，这些色彩鲜艳、纹饰繁复，甚至现在被认为非常土味的搪瓷制品，曾经是多少人的生活记忆。

作为那个年代过来的人，虽然见过很多搪瓷制品，在上个世纪，搪瓷制品可是好东西，记得70年代末，我们结婚时，我的一位在搪瓷厂工作的亲戚还特地送了一套陶瓷脸盆嫁妆，在80年代以前是非常受欢迎的。观赏搪瓷的同时我们也在观赏着那个年代的社会发展、历史文化，还有审美意识。

影青瓷·孔雀盆

　　"盆"通常是口大底小的器皿，或口大腹小，其最大直径都在口子上。一般为盛东西或洗涤用的器皿。通常为圆形，比盘要深些。

　　该孔雀盆长29.5厘米，宽16厘米，高14.5厘米，整体形态宛如一只头顶羽冠的孔雀低着头，身披美丽的羽毛，静静地横卧在湖面上。它以夸张的手法、生动的形象，勾勒出孔雀典雅的美丽造型。孔雀寓意着聪明、善良、自由、和平，一般孔雀象征着吉祥、幸福、高洁华贵，同时也表示长寿之意。孔雀是百鸟之王，是吉祥鸟，因此，孔雀受到了广大人民的喜爱，

其观赏价值也是比较的高。

该盆采用著名的景德镇影青瓷烧制，又称映青瓷，是汉族传统制瓷工艺中的珍品，其前身是青白瓷，被称作"色白花青"的影青瓷是北宋中期景德镇所独创的瓷种，其釉色青白淡雅，釉面明澈丽洁，胎质坚致腻白，色泽温润如玉，所以历史上有"假玉器"之称。

孔雀是一种吉祥的鸟，在中国，孔雀被视为优美和才华的体现。对于佛教徒来说孔雀是神圣的，它们是神话中"凤凰"的化身，象征着阴阳结合以及和谐的女性容貌。它体态优美，丹口玄目，细劲隆胸。而且也是最善良、最聪明、最爱自由与和平的鸟，是吉祥幸福的象征。在希腊神话中，孔雀更是象征着赫拉女神。它能够给人带来好运，不断激励着人向前进。

孔雀的头顶翠绿，羽冠蓝绿而呈尖形；尾上覆羽特别长，形成尾屏，鲜艳美丽；真正的尾羽很短，呈黑褐色，雌鸟无尾屏，羽色暗褐而多杂斑。孔雀一般主要是栖息在森林的开阔地带，数量比较稀少，也是中国国家的一级保护动物。

影青瓷"孔雀盆"，造型简洁明了，线条流畅，该器物适应养花，例如种植水仙花，是个再好不过地选择了。此盆从石湾公仔街觅得，给我此行带来惊喜的意外收获。

紫色车料玻璃花瓶

我是一名收藏爱好者，凡是遇到喜欢的总是想收下来，这件车料水晶玻璃花瓶便是一例。它是多年前在原凤阳路花卉市场（上海电视台对面）里觅得。

直径17.5厘米，高54厘米。瓶身为靓丽的紫色，经艺术家手工以绚丽多姿的几何状刻制而成。内行人知道车料玻璃的质地不同普通玻璃，必须采用水晶玻璃才能加工，车料玻璃制品的几何尺寸可以很精确，表面平整度和光洁度较高，且不易破碎；硬度较低，相对普通玻璃软而不脆，在上面刻画容易出现划痕而不是裂开。制作一件车料玻璃的工艺是非常不容易的，除了具备高度艺术细胞和灵感的人，还要高超熟练手艺技巧，才能完成和想要完成一件色底透明花纹的花瓶，打磨非常困难。这种工艺背后需要足够的匠心，匠心在现在越来越难得了。

车料是一种国外盛行的一种玻璃加工工艺，特别是欧洲比较流行玻璃上的西式刻花，多用于高档玻璃器皿，如花瓶、灯具和食用器皿等。欧式家居风格一直备受推崇，究其根本，精致浪漫充满艺术气息是它最大的优势。欧式花瓶讲究有格调与质感，为家居空间增添高端大气的感觉。如果想入手一组家居摆件，欧式花瓶是不二选择。所以车料玻璃以前在欧洲是贵族的专用品。随着时代的发展70、80年代，不少人在审美上的追求很高，因此国内才逐渐有了这种"舶来品"，因为造型独特优雅，深受不少人喜欢，但工艺上比较复杂，也十分难得。那时候，全上海只有大光明电影院隔壁的上海美术工艺品商店才有这种车料玻璃卖，要凭票才能买到，相当难买。车料玻璃在当时也是价格不菲，一个花瓶要卖十几块，相当于不少人一个月的工资，一个水杯则要卖3元钱，绝对是高级品。

水晶玻璃器中最具贵族气的当属法国的巴卡拉，它当年为一些国王定制的器皿款式，至今还很受欢迎。那些具有复杂精致切面的传统器皿，当然非常昂贵。尤其含有红色的更贵，不仅因为那是掺了黄金形成的颜色，更在于其工艺的复杂。据说，当年俄国沙皇每晚喝酒都要摔碎他用过的巴卡拉酒杯，以显示他"豪"气。而这些碎玻璃都会被运回法国回炉，真不舍得扔。

这件紫色车料玻璃花瓶是我非常钟爱的一件花瓶，因为它体量大而且又高，一般的花卉是不能用的，每逢春节到来前夕，我专门到市内最大的花卉市场去买腊梅，我要的腊梅起码要超过人的高度，轿车里不能进的，必须捧着它，待公交车人少的时间才能上去，下站后捧回家。

跋

　　我的新书题名为"拾穗"，"穗"字典解释：汉语常用字，始见于《说文解字》小篆，另有学者认为甲骨文中就已出现 。穗本义是稻、麦等谷物成熟后聚生在茎干顶端的花或果实，引申作量词，用于农作物的果实。这里我将多年来的收藏工作延伸为收获，并做个简要回顾小结。

　　具有五千年源远流长的伟大中华民族，自从有了文字才有了文化历史的记载，有了历史可寻的踪迹。文物是人类历史遗留的瑰宝，社会文明程度的整体进步，在促进艺术创作繁荣的同时，也推动着社会的进步和文明，以及带来收藏的蓬勃发展。华夏文明历史的精彩，让我们才拥有了无数精美的艺术瑰宝，才有了如此宏伟壮观的民藏大业，其千秋功绩将是中国历史画卷中最辉煌的一笔。溯本还原，提高民族的自信心，宣传中国的传统历史文化，对于这些古代的劳动创造再认识和保护；它同样是人类历史遗留的瑰宝，是观察历史的最佳捷径，对于加强文物保护和继承发扬历史、了解历史都具有极其重要的意义。传承中华民族优秀灿烂的文化，记录中华各个历史发展阶段，深刻的领悟时代的特征和兴衰，更好地让人们意识到现在的生活来之不易，是不可再生的资源，是极其珍贵的文化遗产，具有不可估量的研究价值。也凝聚着收藏的风云沧桑。

　　加强文物保护对于继承和发扬历史、了解历史都有着重要意义。是传承中华民族优秀灿烂文化、记录中华各个历史发展阶段的可靠手段和必要保证。收藏是融入历史文化和自然的寻根过程。恬澹、自然、古朴的一件古物，无论其保存完整亦或残缺破碎，它那深厚的历史文化积淀、沉穆朴拙的艺术风貌，都会给我们传递远古先人的非凡的创造力和活动轨迹，因而令人心灵怦动。

"星转斗移，世事更迭"，功夫不负有心人，我平时不抽烟、不喝酒、不会打麻将，唯一爱好喜欢收藏，退休十多年来，走南闯北、寻寻觅觅，空闲之际，赏析藏品，濡染之余，偶有所得，写些感悟体会小文章。无论是盛夏酷暑，还是严冬腊月，记不清有多少个夜晚，孤灯一盏，博而览之，借古思今，引经据典、旁征博引，欣然命笔，撰写短文，刊之于杂志、报端，素笺一叠，林林总五千多篇，其中已在《新民晚报》、《上海商报》、《劳动报》、《东方早报》、《上海收藏家》、《上海工艺美术》等市级以上报刊杂志以及书本上，先后发表了六百多篇文章，还被更多的新闻媒体转载发表。先后出版了原野收藏《拾趣》、《拾经》、《拾粹》、《拾珍》和《拾贝》五本书。其间，围绕藏品、忆藏事、品藏趣、扬文明、传历史，蕴含了浓浓的家国情怀，记录了本人收藏的经历，成为我眷恋收藏、学习实践的真实写照，也成为我漫长心路的记录。

作为一名普通的收藏者来说，我认为收藏是一项艺术型、知识型和劳力型的文化活动，是陶冶情操，增强知识和丰富精神文化生活必经之路，同时在收藏辨识、鉴赏过程中，丰富了自身的知识文化修养和审美情趣，成为自己不断学习、进取的过程。

收藏需要付出、耕耘，它既是一座永不枯竭而又充满诱惑的宝藏，但又是一条坎坷、布满棘刺的道路。收藏就是一种中华民族传统历史文化的延续，且不说收藏对于传播大众文博知识、藏宝于民的积极因素，就以全国几千万收藏队伍对于社会就业、社会稳定乃至经济、文化、社会效益的提高，有着积极贡献和不可替代的作用，也可以说是功不可没。收藏也是一种心灵感受并融入历史文化和自然的寻根过程。

时间荏苒，光阴似箭，虽说上海已入六月的麦收季节。我的新著《原野收藏拾穗》也出版了。诚然，一本书的完成，仅靠个人的力量是远远不够的，需要更多人的默默无私奉献。首先要感谢祝鸣华、钱卫老师对我写作上的指导和帮助；本书承蒙原劳动报社副总编吕冬发老师的辛勤努力；承蒙中国藏协顾问、长三角收藏联盟主席、上海市收藏协会创始会长吴少华先生作序、央视"寻宝上海"终审评委梁志伟先生、《上海收藏家》副主编顾惠康先生等老师，在本书的创作过程中提出了许多宝贵的意见，并付出很多心血，在此一并表示衷心的感谢！

同时，也作为一名儿子的心愿，寄情于书，感恩已离我远去的父母长期以来的培养教育，对我的呵护和关爱，表达我深深的怀念！

原　野

写于甲辰小满

图书在版编目（CIP）数据

原野收藏拾穗 / 王炳奎著.
—上海：上海三联书店，2024
ISBN 978-7-5426-8414-1

Ⅰ.① 原… Ⅱ.① 王… Ⅲ.① 艺术品—收藏—文集
Ⅳ.① G894-53

中国国家版本馆CIP数据核字（2024）第 054647 号

原野收藏拾穗

著　　者	王炳奎

责任编辑　钱震华
装帧设计　徐　炜

出　　版　上海三联书店
　　　　　中国上海市威海路755号
印　　刷　上海晨熙印刷有限公司

版　　次　2024 年 6 月第 1 版
印　　次　2024 年 6 月第 1 次印刷
开　　本　700 × 1000　　1/16
字　　数　246 千字
印　　张　16
书　　号　ISBN 978-7-5426-8414-1/G·1714
定　　价　98.00元